JN006416

the door into the fairy world

妖精世界へのとびら

新版・妖精学入門

著◉井村君江
IMURA Kimie

アトリエサード

◉目次

妖精世界へのとびら——新版・妖精学入門

◉井村君江

はじめに　妖精と妖怪――フェアリー・テール（昔話）の基――

「妖怪」と「妖精」の字引の定義

文学が生まれてくる基は、何だろうか？　その国の民族に、昔から伝えられてきたその地方独特の、いわば「昔話」（日本ではお伽話ともいう）ではないだろうか。お婆さんから母親へ、母親から子供へそして孫へと語りつがれていく「昔話」かもしれない。イギリスでは「昔話」をフェアリー・テール（Fairy tale）と呼ぶ。話に妖精が出てこなくても、フェアリー・テールという。「昔話」は、こうあったらいいな、こうかもしれないな、という人間の願望や自由な想像が働いて、現実にはない他の世界を作ってしまうようである。「昔話」には東西を問わず、妖精や妖怪など、超自然のものが人間と一緒に活躍し物語を作っている。そのためもあって、昔話の筋は、重層的になっている。

日本の「昔話」に、桃太郎伝説がある。植物の桃から人間が生まれるはずがないのに、川から流れて来た桃のなかから太郎は生まれる。長じて超自然的な力を持つ強い若者になった桃太郎は、犬・猿・雉子をお供に連れて、鬼ヶ島に鬼退治に出かけ、鬼を征伐して宝物を手に入れ、エンヤラヤと車に積んでお爺さんとお婆さんの待つ家に帰る。桃太郎は超能力を持った美男子でもないし、「いたずら」者でもなく、「妖精」とはいえないし、鬼も悪の権化で恐ろしく危険であっても、「妖怪」ではないのだが、両者は妖精と妖怪とのよい対比関係にあると思える。この両者をもう少し深く見てみよう。

まず事典などにはどう書かれているだろうか。『平凡社大百科事典』の「妖怪」の項目を小松和彦氏、荒俣宏氏、そして、「妖精」の項目を井村が書いており、重要なところを引用してみよう。「妖怪」について小松和彦氏は「広義には、人知のおよばない異常な事物や現象を意味するが、狭義には、恒常的に祭紀されていない、人々に恐怖感を与え、さらには災厄をもたらすこともある霊的存在もしくは怪現象の総称」と述べている。この記述は、表現は異なってもみな意味は共通している。

更に荒俣宏氏は「妖怪」を、「英語ではファンタム（phantom）、スペクター（specter）などがこれに相当する言葉と言えよう。この意味ではギリシャ神話のニンフ（nymph）、西ヨーロッパの妖精（Fairy）なども妖怪に含まれる。一般には人々に恐怖感をひき起こさせる危険で不気味な魔物」といって、妖精も「妖怪」の一種としている。しかし井村は「妖精」の項目で、「西洋で信じられている超自然的存在、精霊」としてすぐに英語のフェアリー（Fairy）は「ラテン語 fatum（運命）より派生、ラテン語動詞 fatare（魔法をかける、魅惑する）より中世フランス語 faer（魔法）が生成され、更に feerie となって英語に入り様々な綴（faerie, phearie, fairie…）になり fairy に定着する」と語源から解説を始めている。

大きな意味で、荒俣氏は「妖怪」の中に「妖精」を含ませているわけだが、「妖怪」はモンスター monster（monstrum）であるし、ファンタム phantom やスペクター specter は近い言葉としても、フェアリー fairy は語源からみて、少し妖怪とは異なるように思う。妖精（フェアリー）

には運命（フェイト）を司る力が含まれているし、「妖怪」が暗く恐怖を引き起こし、危険で不気味な存在であるのに対して、「妖精」は美しく、どこか明るいようである。妖怪は人間と同じく生まれて死ぬが、妖精は人間のようには生まれて死にはしない。ただ魔法を使うたびに小さくなっていき、最後にはただ消えていくのである。「妖精は死なず、ただ消えゆくのみ」なのである。地・水・火・風の自然の要素に近い存在ともいえるだろう。

これら四大元素の精霊に決まった姿形を与えたのは、スイスの錬金術師パラケルスス（一四九三―一五四一年）で、地は「ノーム」、水は「ウンディーネ」、火は「サラマンダー」、風は「シルフ」で、それぞれ後の各国の作家たちが物語や詩を作っている。雪の上を裸で冷たい火の髪をなびかせるサラマンダー（デ・ラ・メア）とか、人間に恋し泡となって水に消えるウンディーネ（ド・ラ・モット・フーケ）などである。シェイクスピア（一五六四―一六一六年）は『夏の夜の夢』で「パック」をフェアリー（fairy）という語を使って呼んでいるが、「エアリエル」は『テンペスト』でシェイクスピアはスピリット（spirit）という語しか使っていない。エアリエルを空気の精といえるような存在にしているのである。『テンペスト』に登場する、魚か土の精に似た妖怪「キャリバン」（Caliban）と、対照させて描いている。

ヨーロッパと中国の妖精の考え方

アイルランドやイギリス、ドイツ、イタリア、スペイン等の各地には、古代遺跡、石のサークルや石塚、土の丘等が散在している。これをゲール語では「シー」（sidhe）と言うが、これが、

「塚に住む人たち、丘の人」そしていつの間にか「妖精」を意味するものになってしまったのだ。遺跡に現れる遠い祖先の霊的な存在の要素も、妖精には入っているわけである。だが「妖怪」は「おばけ」と言われ、死の世界に行って再びこの世に現れる亡霊や、地獄の閻魔、猛火に苦しむ人たちや地獄の犬ケルベロスなど、恐ろしく気味の悪い要素がある。「妖精」にこれら恐ろしいものは結びついていないが、祖先の霊や土地の霊と「妖精」は、関係があるようだ。

ヨーロッパ（大陸のケルト）や、イギリス、アイルランド（島のケルト）の人たちの祖先はケルト人達で、その種族たちの考え方を辿っていくと、「ドルイド」（ケルト民族の神官・政治家）の持っていた思想にいきつく。それは「すべて生命はめぐっている」という考え方である。人間も、植物、動物、昆虫、魚、鳥など、生きとし生けるすべてのものの生命は、回っていると考えるのである。「ケルト民族は死を恐れず戦うので、強くて怖い」と、ケルト人（ガリア人）と戦ったジュリアス・シーザーは、『ガリア戦記』（紀元前一世紀）に書いている。

「妖精」がイギリス文学に出現するのは『ベーオウルフ』（十世紀成立）からだが、日本では中国の文献に現れ、諸橋轍次氏の『大漢和辞典』（昭和四一年）では『紅楼夢』（一八世紀）とされているが、妖怪・妖精をたどっていくと、もっと古い時代からあったようである。『西遊記』（一六七七年）に孫悟空（猿）、猪八戒（豚）、沙悟浄（河童）や空想の生きものがたくさん登場することはよく知られている。孔子（五五二BC）は「怪力乱神（お化け、魔物類）を語らず」と言っているが、この有名な一句に反し、中国には「どの国よりも深く、古くからお化けを研究した国だった」とは、荒俣宏氏の言葉である（『お化けの愛し方』二〇一七年、ポプラ新書）。確かに古代明時代の『山海経』や『剪燈新話』などを紐解くと、多くの空想的な生きものが登場している。鳥の「畢方」とか、虎に似た「猙」とか、馬に似た「鹿蜀」など、いわば日本でいうところの荒唐無稽で異様な生きもの「お化け」「妖怪」がいっぱいである。

日本に「妖精」の語も中国から古く入ってきたわけだが、漢文は日本に定着しており、それが西洋から入ってきた「フェアリー」（fairy）という外来語と結び付いて使用されて来るのは、大正末期から昭和初期のようである。それまではこの言葉に「仙女」「天女」「精霊」などの言葉が当てられて使われていたようだ。『古事記』をみると「比売」という言葉がこれに当たるのだろうか。それで川の水の精（女神）は「瀬織津比売」で、秋の木々を紅葉に変えさせる精は「立田比売」と、日本には昔からこうした考え方が「八百万神」を生んできたようである。また物が古くなって精神性を帯び霊が宿ると信じられており、古木の松の木に、しめ縄を張って崇め、そこに「付喪神」を祀るという精神もこれと似ている。

しかし、明治三四年に上田敏が、外来語でフェアリー（fairy）に当たる日本語はなく、「好訳字なし」（「仙女の説」）と言っているのである。西洋から入って来た「フェアリー」（fairy）に「妖精」の言葉を当て、はじめて使い出したのは、大正末期、昭和初期に活躍したアイルランド文学の翻訳者松村みね子女史や詩人の日夏耿之介、フランス文学者の吉江喬松氏などである。日本に古くから伝わる昔話集「風土記」には、「天女」「西王母」「乙姫」などの中国語が使われている。西條八十や谷崎潤一郎は「妖女」、芥川龍之介は「精霊」、菊池寛は「女の魔神」などとしており、上田敏自身は「縹渺（ひょうびょう）とした夢幻の仙女」と言っている。現在、フェアリーを「妖精」とする言葉が日本には定着しているようだが、今後どう変わっていくかは不明である。

現代生活の中の「妖精」や「妖怪」

「妖精」(fairy) は舶来ものなので、どうしても憧れや幻想と結びつき、美化したくなる。われわれはシェイクスピアの『夏の夜の夢』の妖精王オーベロンやティターニア、パックなどを思い浮かべ、『ピーター・パン』(ジェイムス・バリ、一八六〇―一九三七年) のティンカーベルの小さな羽根を生やして、空中を飛ぶ女の子の姿を想像しがちである。昔話には「マブ女王」が多い。しかし、妖精に男女の性別はない。お爺さんでも男の子でも小人でも、可愛らしい女の子でもいいのである。日本では少し前に、「小さいおじさん」が流行っていたようだ。妖精というのは人間には害を加えずどこか憎めない、いたずら好きの存在のようである。そして「妖精」は日本の「八百万の神」に似ており、物が古くなって霊性が宿り「付喪神」になった「つづら」や、何百年も経って精神が宿り、しめ縄を縛った「松の木」などにも近いわけである。

自然の花々を咲かせたり散らせたりする生命力も、妖精がなせる業と思われている。そこに人間と同じ姿を与えて、真っ赤な芥子の花は赤いドレスの美しい女の子、紫のラヴェンダーは可愛い男の子、香り高いバラは豪華な王女などと想像をする。「妖精」の衣・食・住もまた作家たちの想像がめぐらされ、「緑の上着に赤帽子、白いフクロウの羽根つけて」(ウィリアム・アリンガム、一八二四―一八八九年）と詩に書かれたり、また食べものも食卓に並べられて、「美味しく焼けたロースト蟻」（ウィリアム・ブラウン、一五九〇―一六四五年）などと唄われるわけである。それらの映像がまた、現代の人々の脳裏に焼き付き、想像力を刺激して新しい「妖精」像が生まれてくるのである。こうして時代とともに、妖精像は変わっていくわけである。

ギリシャ神話と混同した映像、アーサー王伝説の湖の女性の映像、シェイクスピアの登場人物の映像があったり、こうして伝えられてきた物語を、十九世紀になって収集し分類したのがアイルランドのノーベル賞詩人のW・B・イエイツ（William Butler Yeats、一八六五―一九三九年）である。イエイツは妖精を、「陸に住むもの」シーオーク（sheoques）と「水に住む妖精」メロー（merrow）とに分け、更に「群れを成して暮らす妖精」トゥルーピング・フェアリーズ（trooping fairies）と、「一人暮らしの妖精」ソリタリー・フェアリーズ（solitary fairies）との二つに分類をしている。二〇世紀まで様々な学者（ドラットル、ブリッグズ等）は、この分類を基に独自の妖精分類をしている。日本で幽霊、おばけが出るのは、「草木も眠る丑三つ時」だが、シェイクスピアも真夜中としていたが、一九世紀のルイス・キャロル（Lewis Carroll、一八三二―一八九八年）になって、昼間になってしまった。妖精が現れるのは、「ちょっと眠く、コウロギが鳴かず、妖気（イーリー eerie）を感じるとき」（『シルヴィーノとブルーノ』）といい、これが現代まで続いているようだ。影の消える正午である。そして、オックスフォードの中世英語教授J・R・R・トールキン（John Ronald Reuel Tolkien、一八九二―一九七三年）が昔話の妖精と新しい妖精「ホビット族」を関係させ、息を入れて生かそうとしている。彼の『指輪物語』

は、今、映画でも流行している。

見て来たようにフェアリー（fairy）という語は、古代ケルト民族やゲルマン民族にあった考えがヨーロッパやアイルランド、イギリス、ドイツに伝わり、十五世紀頃までにギリシャの女神と混同されながらシェイクスピアに伝わって広まり、更に時代を経てW・B・イエイツが収集した物話詩や研究の成果が、人々に読まれて伝えられていったようで、ヴィクトリア時代になって童話作家たち、『ピーター・パン』や『砂の妖精』の作家たちはみな、これら、昔話やアーサー王伝説やシェイクスピアの戯曲を知っていたはずである。その上に、各作家の独自の想像力が働いて、様々な妖精が生み出されて今日まできているのである。

現代の日本では、水木しげる氏のゲゲゲの鬼太郎が、妖怪や妖精の映像を定め、とくに妖怪を我々の身近な存在にしてくれたようだ。講談社の『水木しげる漫画大全集』を見ていくと、妖怪はもちろん、幽霊あり、悪魔も魔女も人魚も妖精もあり、それらの境界が定かではない。それに水木先生は若い頃に「妖精」を描いており、お米の妖精やバッタや蝶を描いた絵を集め、『天昆童画集』と名づけて出そうとしていた。生命の源を妖精に見ていたようなのである。先日、「日本の文化」という写真展をある外国人がやっていたが、秋田の「なまはげ」や沖縄の「キジムナー」など日本の祭りを扱っていて、まるで水木しげる回顧展のようであった。考えようによっては、水木氏は我々に日本の文化を教えてくれていたのかもしれない。お祭りの神輿は、さまざまな神さま、八百万の神である。水木しげる先生が「ゲゲゲの鬼太郎は限りなく妖精に近い妖怪だ」と言われた言葉は、まさに傑作で忘れがたいものである。

イギリスでも、幽霊や妖精の出現は日常である。町に幽霊が出るホテルは何軒もあるし、妖精の現れる丘も農家のすぐ裏にある。人々は科学の発達した現在でも、証明不可能な不思議、妖怪や妖精、幽霊を信じているのである。先日、イギリスで暮らす息子から電話がかかり、子供の歯が抜けたので、「トゥース・フェアリー」の可愛い容器に入れ枕の下に置いて寝かせたが、子供は翌朝に歯がコインに変わったのを見て「妖精」がコインにしてくれたと喜んだそうだ。サンタクロースのプレゼントのように、親が取り替えたのだが、「妖精」が歯をコインに変えてくれたと子供は信じているそうである。針やピンが見つからないと、「ボロワーズ」(『借り暮らしの小人』メリー・ノートン、一九〇三―一九九二年)が借りて行ったと言い、見つかれば、ボロワーズが返してくれたと言うそうである。翌朝髪の毛がくしゃくしゃになっていると、「エルフ・ロック」(寝乱れ髪)だ、寝ている間に「妖精」がそうしたのだと言って、現実に起こったことなのに、ワンクッション置いて言うので、イギリスの現実生活は、和やかにいっているようである。

シェイクスピアはよく人間を克明に描き、「千の心を持つシェイクスピア」(Myriad-minded Shakespeare S・T・コールリッジ、一七七二―一八三四年)と讃えられているが、目に見えない世界の妖精や妖怪、魔女や幽霊や悪魔や妖精を劇によく登場させており、心の機微や現実世界を重層的に見ているのである。科学が発達している今日でも、魔法学校が舞台の『ハリー・ポッター』は流行している。量子力学でも解明できない不可思議は、この世に存在するのである。現実の世界をより豊かに生きていくためにも、日本人ももっとよく「妖精」たちと、付き合うことが必要ではないだろうか。

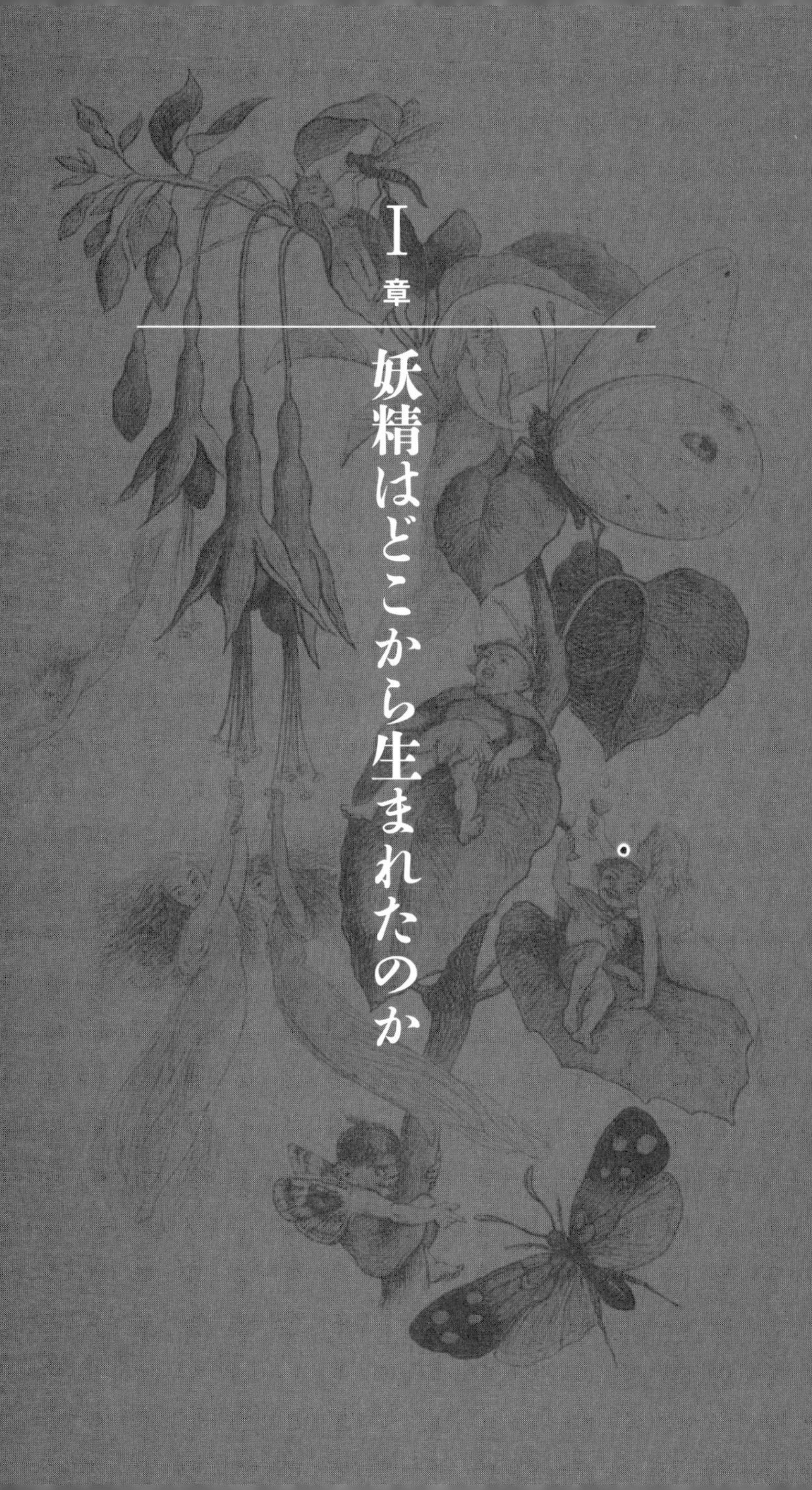

Ⅰ章

妖精はどこから生まれたのか

1　妖精の六つの淵源

妖精は単なる空疎な想像上の生き物ではない。その淵源を民間伝承や神話伝説の物語にたどっていくと、妖精は過去から長い時間をかけて人間が培ってきた文化の生活の場となった土地の風土が、深く関係していることがおのずと分かってくるからだ。

妖精の起源、特にブリテン島、アイルランド島の妖精の誕生の源は、大きく分けて次の六つの要素に分けられる。以下にそれぞれを簡単に説明しておこう。

（1）ケルト系の元素・自然の精霊
（2）自然の擬人化
（3）卑小化した古代の神々
（4）先史時代の精霊、土地の霊
（5）ゲルマン系の堕天使
（6）死者の魂（祖先の霊）

（1）元素の精霊とは「地・水・火・風」の精霊で、中世スイスの医学者で錬金術師のパラケルスス（一四九三？―一五四一年）が各元素に名前を与えた。それぞれ「ノーム（地の精霊）」「ウンディーネ（水の精霊）」「サラマンダー（火の精霊）」「シルフ（風の精霊）」と呼ばれる。

ノームは地下に住み、現代ではドワーフ（小人）系の妖精を指す語として広く使われている。「ウンディーネ」はドイツ・ロマン派の作家、ド・ラ・モット・フーケーの悲恋物語やイギリスのアレキサンダー・ポープの物語詩でも知られ、「サラマンダー」（冷たい火トカゲ）はフランスのアナトール・フランスの小説やイギリスのウォルター・デ・ラ・メアの詩に登場する。このように四大精霊たちは後年の文学者たちによってさまざまに生かされている。

（2）自然現象の科学的因果関係が不明だった古代において、人々は月食や嵐、洪水や落雷など自然現象への恐怖を、人間と似た姿形の存在を生み出すことによって取り除こうとした。たとえば「今年麦が枯れたのはボギーが暴れたせいだ」というように。日本でも、雷は鬼が太鼓をたたいている音、地震はナマズが暴れているせい――などのように原因不明の不安に姿形を与えて安堵する例は多々見られる。十世紀に成立した作品『ベーオウルフ』以来、色々考えられてきた。悪の原因を凶悪なドラゴンや魔女、妖怪の仕業と考えるのは世界共通なのだ。

一方、人間に恵みや幸をもたらす自然の恩恵に対しても、それを畏れ敬う気持ちから、人間に似た姿形が与えられていく。ギリシア神話でお馴染みの太陽神アポロンや穀物の女神ペルセフォネのように。物活論（アニミズム）の精神や汎神論（パンセイズム）の考えは世界各民族に共通であり、それが自然の妖精が生まれる淵源といえるだろう。

（3）卑小化した古代の神々とは、キリスト教ではなくケルトの神々を指す。ケルト神話ダーナの神族が、後からきたミレー族（アイルランド人の祖先といわれる）に戦いで敗れ、海の彼方に逃れて楽園をつくり「目に見えない種族」になったのが妖精だと言われる。初めは土地の精霊、豊作を司る植物の精霊として敬われていたが、次第に供え物をささげなくなって縮んでゆき、「リトル・ピープル」（小さい人たち＝妖精）、「グッド・ピープル」（良い人たち＝妖精）と呼ばれる「目に見えない人々」になっていったのである。

（4）ブリテン島、アイルランド島に今も残る「円形土砦」（ラース）や「石塚」（ケアン）、「石舞台」（ドルメン）などの先史時代の遺跡は、妖精たちが好んで出没する場所と信じられてきた。これら土塚や丘は古代ゲール語で「シー」（Sidhe）といい、次第にその語がそこに住むダーナ神族（卑小化した古代ケルトの神々）の意となり、「塚の住人」「丘の上の人」といえば超自然の力を持つ妖精たちを意味するようになっていった。

（5）アイルランドの古文献『アーマーの書』には「妖精は天に帰るほど良くもなく、地に堕ちるほど悪くもない堕天使」で、永速に「ミドル・アース」（中つ国）をさまよっているのだ」とある。これは民間信仰の神々やケルト神話の神々が、キリスト教の伝来で異教の神々として否定されていったためと考えられる。それにもかかわらずアイルランドの妖精たちは、イギリス本国におけるような厳しい排斥の憂き目には遭わずにすんだ。それは聖パトリックが土俗信仰を認め、そのため妖精はキリスト教と穏やかな共存を許されたからである。これとは反対にゲルマン系の妖精はキリスト教、特にカトリックの伝道者たちに反対され、暗く小気味の悪い存在になっていった。

イエイツはその著書『ケルトの薄明』（一八九三年）の中で「人々の想像力は、むしろ幻想的で気まぐれなものの中に住んでいる。そして幻想も気まぐれも、もし、それらが善なり悪なりと結びつけられるようなことがあれば、それらの命の息吹であるところの自由さを失ってしまうのだ」と述べている。この言葉は、善悪の規範にとらわれないアイルランドの妖精の性格を現しているといえるだろう。更にイエイツは『アイルランドの妖精譚と民話』（一八八八年）で、多くの妖精やその性格を一から分類もしている。

（6）ケルトの伝承では死者の魂は蝶や蛾の姿をとり、死体のそばを舞う蝶は人の魂だといわれる。コーンウォール（イングランド南西部）では、蛾が妖精ピクシーの化身とされる。人間の死者と妖精の境目ははっきりしていないのである。妖精は一年に一度ハロウィーンの死者の国の「十分の一税」を納める義務があり、ハロウィーンの夜には丘で、妖精と死者が手を取りあって踊るという言い伝えもある。こうした死生観は、主としてケルト民族が先史時代から持っていた土着信仰ドルイド教の「霊魂不滅・転生思想」と深い関わりがあることが考えられる。

以上、簡単に妖精の六つの淵源を見てきた。ここで明らかなのは、「妖精の世界」を現代まで豊かに生かしてきたのは、ヨーロッパ民族のルーツであるケルトの思想である、ということである。ケルトという呼び名は、今から約四百年前、徳川家康時代の頃、各国で活躍していたイケニ族とかハエドゥイ族、ヘルウェティイ族、アルウェルニ族等、各部族に共通点を見出した十六世紀の古典学者ジョージ・ブキャナンが名づけたものである。従って様々な種族の思想や考え方、思想、精神、宗教、文化が、妖精一つの背景にも見えてくるのである。

2　妖精とケルト

「大陸のケルト」と「島のケルト」

　ケルトは、非常に古い、二〇〇〇年以上の歴史を持つ民族である。ケルト民族が興った地域には諸説あり、カスピ海付近、あるいはドナウ川の源流域、ボヘミアなどが挙げられている。そしてイタリア、フランス、スペイン、イギリス、ベルギー、ユーゴスラビア……など、ヨーロッパのさまざまな地域に広がっていく。一部は土着して他種族と混血してゆき、また奴隷として他国に連れていかれたり、あるいは消滅したりするわけだが、それらヨーロッパに拡散したケルト民族を総括的に「大陸のケルト」と呼んでいる。

★ローマ兵に殺害されるケルトの祭司ドルイド

　「大陸のケルト」は紀元前四世紀頃からローマ帝国に押されてブリタニアへと大移動を始めている。紀元前五八年から紀元前五一年にかけてのカエサルのガリア征服、さらにその後のアウグストゥスによるアルプス地方遠征によって、「大陸のケルト」はほぼ壊滅してしまう。一時はヨーロッパ全域に散在し、共通の言語・宗教・文化をもっていたにもかかわらずケルトは安定した一つの国家を築くことはできなかった。これは各種部族が協力せず互いに争い滅ぼしあったり、さまざまな多民族と混ざり合うことによって民族としての特性が薄れていったことが一因と考えられる。しかしこれは同時に、「ケルトはヨーロッパ人のルーツである」といわれる所以でもある。

弱小になったケルトは、一方では移動を続けてスペインからブリテン諸島に渡ったり、ギリシア、スペインを経てアイルランド島に渡ったりというように、「島」へたどり着く。紀元前六〇〇年から三〇〇年頃の間にブリテン島およびアイルランド島に定住したこれらケルト民族を「島のケルト」と呼ぶ。しかし現代では、「島のケルト」成立にも各種の事情が考えられている。

「島のケルト」は、たとえばブリテン島を見てみると、スコットランドやウェールズ、コーンウォールなどに比較的濃く、その文化が残っている。しかし、カエサルの遠征やアングロサクソンの移動の影響を免れ、純粋な形でその文化的特色を残しているのは、やはりアイルランドである。カエサルは『ガリア戦記』でケルトの戦士たちは非常に不思議に強く、勇敢で無気味な民族だ、と書いている。そのためかカエサルはアルウェルニの族長ウィルキンゲトリックスを紀元四六年にはローマで殺害したが、アイルランドには近寄れなかった。そしてここに、ケルト民族について考える場合、その要素のよく残る重要な土地として、「アイルランド」が浮かび上がってくる。

アイルランド民族渡来神話

アイルランドの古書『侵略の書』（十二世紀）をひもといてみよう。この書に残された神話には、五つの種族が、紀元前十五世紀頃から紀元前五世紀頃の間に、次々とこの島に渡来した伝説が残っている。それは次の五種族である。

（1）パーホロン族。中部ギリシアより渡来。
（2）ネメズ族。ロシアのバルト海地域より渡来。
（3）フィル・ボルグ族。スペインを経て渡来。
（4）トゥアハ・デ・ダナーン族。アイルランドより渡来。
（5）ミレー族。シリア付近からエジプト、スペインを経て渡来。

これら種族はそれぞれ逐次入島していき、先住の種族と戦い、土着していったという。今日のアイルランド人の祖先といわれるのが、最後に渡ってきたミレー族である。そしてこのミレー族との戦いに敗れた先住のトゥアハ・デ・ダナーン族にまつわる数々の伝説が、妖精の生まれてくる大きな淵源なのである。

トゥアハ・デ・ダナーンとは「女神ダーナの種族」の意で、ケルト神話の母神ダーナより生まれた神々の種族を指す。別名ダーナ巨人神族とも呼ばれるこの種族は非常に体が大きく、金髪碧眼の大変に美しい容姿をしていた。そのうえ予言の力にも長け、高く優れた独自の文化を持っていたという。結局ミレー族に敗れてしまうわけだが、ミレー族が地上に「目に見える」国をつくっていくのに対し、トゥアハ・デ・ダナーン族は海の彼方や地下に逃れ、「目に見えない」美しい国をつくる。最初はミレー族から土の神として崇められていたが、次第に崇められなくなり、体も小さくなっていく。それが目に見えぬ種族、見棄てられた異教の神々、丘の人、妖精だといわれている。

「目に見えない神々」の国

それでは「目に見えない」種族がつくった「目に見えない美しい国」とは、どのような国だろう。

戦いに敗れたトゥアハ・デ・ダナーン族は、海の彼方と陸の彼方に逃れていく。たとえば太陽神ルーや海の神マナナーン・マックリール、戦いの神リーグなどの神々は、海の彼方にある「楽土」に住んでいると人々に信じられるようになっていった。この楽土の代表的なものは「常若の国（ティル・ナ・ノグ）」「喜びが原（マグ・メル）」「至福の島（イ・ブラゼル）」「波の下の国（ティル・フォ・スイン）」の四つである。

これら楽土は不老不死の霊境であり、神話の英雄たちク・ホリンやオシーン、ブラン、オルフェ王も、永遠の命を得てこの楽土で暮らしているといわれている。いってみれば死者の国でもあるわけだが、地獄のような恐ろしいイメージではない。花々が咲き、豊かに実がなり、鳥が歌い、川にミルクが流れる――美しい草原のイメージなのだ。これはまた、楽土フェアリーランド（常若の国）のイメージにつながる。

ケルトの転生思想

しかしなぜ「死者の国」だというのに、恐ろしいイメージとこんなにもかけ離れているのだろうか。これにはケルトの転生思想が深く関わっていると思われる。

記録されている十二世紀の古文献『侵略の書』の中に収められている「トァン・マッカレル」の物語を見てみよう。

トァンは最初にアイルランドにやって来たパーホロン族の一人だった。その後人口が五〇〇〇人まで増えたとき、猛烈な疫病のため全員が滅んでしまう。しかしトァンはただ一人生き残った。そしてある日ネメズ族が海を渡ってやって来るのを目にする。翌朝目が覚めると、トァンは牡鹿に変身していた。それは五月一日のことであった。

アイルランドにやって来たネメズ族もついに八〇六〇人に達したところで、突然神秘的に滅んでしまう。その日トァンは猪に変身する。それがまた五月一日。猪になったトァンが野原から海の彼方を見ていると、フィル・ボルグ族がやって来る。次にダナーン族がやって来ると、今度は大きな鷲に変身する。この日もやはり五月一日だった。ダナーン族がミレー族に敗れて地下と海の彼方に逃れてしばらくたったある日、トァンはまた体に異変が起こるのを感じたため、九日間断食を行う。断食も終わりに近づいたころ、眠りに襲われ目覚めると、今度は鮭になっていた。そして漁師の網にかかり、ミレー族の統治者カレルの妻に食べられてしまう。するとトァンはそのままカレルの妻のおなかに宿り、今度はカレルの息子のトァン、つまり「トァン・マック・カレル」に生まれ変わったのだ。この日も五月一日。ちなみに五月一日は、ケルトのカレンダーで「ベルティン」といい、太陽の生まれ変わる日に当たり、年が「生まれ変わる」日でもあり、新しい生命の誕生の日でもあるのだ。

このような転生・変身の物語は他にも多々見られる。たとえばウェールズの女神キャリドウェンの生んだタリエシンは、前世ではギオン・バッハという人物だった。兎、犬、魚、カワウソ、麦となり、最後にニワトリになって、女神に飲み込まれてその体内に宿った。神が英雄に生まれ変わったり、英雄が妖精と結婚したり、妖精が人の子を生んだりするなど、神話に出てくる神や英雄、妖精たちは、自在に転生しているのだ。つまり、人間の生命と自然の生命は密接な関連をもち、ぐるぐる廻り、大きな生命は永遠に終わらないのである。

ドルイドの神秘の力

ドルイドたちがまず第一に人を説得したいと思っていることは、「魂は一つの肉体から他の肉体へ移る」という教えである。これはカエサルの『ガリア戦記』中の言葉。ケルトの霊魂不滅、転生思想を語るには、その背景にあるケルトの信仰「ドルイド信仰」について触れないわけにはいかない。

キリスト教が広まる前、ケルトの人々が信じていたといわれるのがドルイド教である。この土着信仰は太陽神、土地・豊作の神を崇める……すなわち「自然は霊的な力をもつ」という汎神論的な考えを反映している。そしてこの信仰祭儀を司るのがドルイド僧である。

★ドルイド僧の想像図

ドルイド僧はケルト社会において、王権に匹敵する力、あるいはそれをも上回る力をもっていた神官である。彼らは祭司のみならず、哲学者、法律家、天文学者（占星術師）、教育者、医者、詩人等を兼ね、予言や呪術にも長けていたといわれる。

ドルイドの語源にはいくつか説があるが、「ドル」は「オーク」すなわち「樫」、「イド」は「知識」で併せて「オークの木の賢者」の意、あるいは「ドル」は「多い」、「イド」は「知る」

で「多く知る人」の意、などの説がある。

ところで、古代ケルト民族がいた頃のヨーロッパ大陸は樫の木に覆われていたといわれている。人々は樫の実をつぶして粉にし、パンに焼いて食べ、家畜（豚）の餌にもした。いわば生命源である。そんな樫の木は、ケルトの人々にとって至高の神の象徴であったのだ。ドルイドの宗教儀式は「樫の森」で行われ、祭儀はもちろん呪術、医術を行う場合も「樫の杖」が用いられたという。この樫の杖で岩や丘をたたけば異界の入り口が現れると信じられていた。樫の杖は自在にデーモンや妖精をコントロールでき、人間との媒体の役も務めたといわれる。また、プリニウスの『博物誌』（西暦七七年）には、毎月六日になると白衣に黄金の胸当てをつけたドルイド神官が、白い牛二頭をドルイドの神にいけにえとして捧げ、樫の木に宿った「やどり木」（パナケア）を三日月形の黄金の鎌で切り取り、白い布に置いてこれを信仰したという記述がある。この「やどり木」は煮て飲めば血圧を下げ、つぶして貼れば化膿止めになる万能薬として崇められていたという。ドルイドの医師としての力と役割がわかる。

こうしたドルイド僧の神秘的な力を称える伝説は数々あり、ソールズベリにあるストーンヘンジの巨石もドルイドが魔法でアイルランドから運んだのだ、という「伝説」まで生まれている（ドルイド以前という説あり）。もっとも、ストーンヘンジもフランスのカルナックの巨石群も、暦や占星術のために作られたという説が有力なだけに、種々の説があるがドルイド僧とまったく関係がないとはいえないだろう。

あまりに多岐にわたるドルイドの役割も次第に、「立法」、「祭司と政治」、「詩人」の三つの部門に分かれていく。中でも詩人は重要な役割なのだが、そのイメージは現代のそれとは少々異なる。彼らの主な仕事は、国の法律や宗教の教義、王家の年代記、英雄の物語を記憶にとどめ伝えていくことだったのだ。そのためドルイドはこれらの事柄を覚えやすいように韻律にのせ、この膨大な詩句を暗誦し、歌ったのである。一人前のドルイド僧になるには二十余年の修業を要したという。つまりケルトの全知識は、文字ではなく、生きた歌として何世代にも記憶され伝わっていったのだ。詩人は「語り部」（フィラ）であり、王の宴の席で竪琴を奏で英雄の物語を歌う「吟唱詩人」（ポエルジ）であり、また他の王城をまわって歌を広める「吟遊詩人」（バード）であった。そして、騎士の手柄や名誉、王の功績もすべてドルイドの歌を通して伝える（現代のニュース報道に相当）しかなかったのである。しかしこのため当然詩人は非常に大切にされ、ある王は自分の首を捧げたほど強い力をもっていた。

キリスト教とケルトの神の緩やかな融合

聖パトリックの布教により四三二年頃アイルランドにもキリスト教が入ってくるようになる。キリスト教にしてみれば、ドルイドの旋律にのって伝えられるケルトの古代神話や物語に登場する神々は、異教の神（ペイガン・ゴッド）そのもの。本来なら完全に否定され消滅していてもおかしくはないのだが、そうはならなかった。ブリテン島とは対照的に、アイルランドへの布教は緩やかに、むしろ「ドルイド教にキリスト教を接ぎ木する」という手法が取られたのだ。とくに、聖パトリックの存在の意味は大きいものだった。聖パトリックはローマ化されたケルトの地主の息子として、ウェールズ中部に生まれ、十六歳のときに誘拐され奴隷としてアイルランドに売られる。その後故郷に逃れ再び彼の地を訪れるわけだが、パトリックはアイルランドの農民たちと共に暮らした六年間を通して、人々の心の支えとなっていた土着信仰、ドルイドの教えを身をもって経験していた。だから彼はケルト神話の神々や英雄たちの物語を巧みにキリスト教と融合することができたのだろう。次に布教に来島した聖コロンバーヌスも同じく「わがドルイドはキリストなり、神の子なり、大法王なり、父なり、子なり、聖霊なり……」というように、緩やかな布教方法を引き継いでいく。

実際ケルトの神話や伝説を、文字として現在も読むことができるのは、キリスト教の筆写僧（スクリプター）の手による写本のおかげともいえる。彼らは「福音書」や「典礼書」に混じって、口承のケルトの伝説を写し記録していったからだ。現存するものは断片を混ぜて九六〇にものぼるといわれている。たとえば十一世紀の文献『赤牛の書』は、七〇〇年頃に初めて文字（オガム文字=古代ケルト文字といわれている）化されたという『クーリーの牛争い』という伝承を下敷にしている。これが本当ならこの文献が最古のものになる。先に述べたトァン・マッカレルの転生物語やダーナ神族の神話群も『侵略の書』（十二世紀）や『レンスターの書』（十二世紀）、『バリモートの書』（十五世紀）などの古文献に残されていたものである。

アイルランドにおいては、キリスト教が「緩やかに」融合されたからこそ、ケルトの古代の神々、さらには「妖精」も、異教の神々だが、怪物やデーモンといった汚名を免れ、今もいきいきと息づいているのである。

3　妖精と風土

妖精の棲むところ――つまり「フェアリーランド」。この言葉の響きから私たちが思い描く光景は、この世とは空間的に遠く隔たったところにある幻のように美しく楽しい国。木々は実り花は咲き鳥は歌い、老いも悲しみも争いもなく、妖精の戯れ遊ぶ楽土――ではないだろうか。こうしたイメージの淵源をたどっていくと「常若の国」などの楽土、すなわちケルト民族特有の他郷思想に突き当たることはすでに述べたが、ここでもう少し詳しく妖精の棲む国土について見ていこう。

妖精の棲む古代遺跡

戦いに敗れたダーナ神族たちは、二つの異界――「海の彼方の楽土」「地下楽園」――に逃れていく。「海の彼方の楽土」とは海の彼方にある国、波の下の国、海に浮かぶ島、のように海(水)を中心に想定される目に見えない霊郷である。

一方、地下に逃れたダーナ神族は、山腹の洞窟や丘に隠れ棲んだとされる。この土塚(とくに塚丘)を古代ゲール語で「シー」(Sidhe)と呼ぶことは先に述べた通り。古文献『アーマーの書』によれば、シーは塚、砦、墳墓など、丘になった場所、あるいはダーナ神族の住処や宮殿を

★メン・ナン・トール（コーンウォール）

★ドルメン（コーンウォール）

意味したが、次第にそこに住むダーナ神族そのものを指すようになっていった。そしてそれがさらに「妖精」の意味を帯びていくのである。たとえば「ファー・シー（男の妖精）」「バン・シー（女の妖精）」のように、「シー」は妖精の総称となっていったのである。

丘の種族（妖精）が棲んでいる場所は土塚だけではない。先史時代の遺跡や、古代の人々の住居跡である円形土砦（ラース）、村から村への伝達の火を掲げ灯す場所といわれる丘（ライオス）、あるいは埋葬丘（トムラス）や、石の墳墓（ケアン）、石舞台（ドルメン）、祭儀場、そして焼場だったといわれる石の古墳、回廊埋葬場石塚（パッセージ・グレイヴ）なども、妖精が好んで出現する場所と信じられている。

各地の風土が生みだす妖精の個性

こうした先住民族の遺跡は、アイルランドを中心にイギリス各地にいまでも散在している。そしてそれぞれの地方が、それぞれの気候、地形、人々の風俗、習慣を反映して、各地方独特の容姿、服装、性質を備えた妖精を生みだしていくのである。以下に主な地方（三地方）の風土的特色と妖精の関係を簡単に紹介しておこう。

〈スコットランド〉たとえばブリテン島の北の端にあるスコットランドは、たくさんの岩山、灌木の林が特徴的だ。海から吹き付ける潮風は強く、冬の寒さも厳しい。そんな風土から、植物の生長を止め、雪を降らし、冬に植物を杖で凍らせ、春には石に変わる冬の老婆姿の妖精「カリアッハ・ヴェーラ」が生まれている。また湖や河川の多い環境を反映して「ケルピー」や「アッハ・ウーシュカ」など水に棲む馬や牛などの妖精動物も多い。

〈ウェールズ〉ブリテン島南西部、ウェールズは比較的温暖で、湖や洞窟が多い。ドルイド僧たちの最後の土地といわれるアングルシー島もあり、伝説も数多く残っている。アーサー王の拠点だったといわれるカーリオン、円卓があったといわれるグゥアリーフィラスなどの町がある。美しい金髪を持つ妖精一族「タルイス・テーグ」や湖の乙女「グレイグ」、湖の牛「グワセーグ・ア・シーン」などが知られている。

〈エクセムアー〉ブリテン島西南の端、コーンウォールは、ダーロムアー、ボドミンムアーなど樹木が生えず、ヒースだけが生え、木のない湿地の原が広がり、潮風に木には岩苔（ライケン）が生える半島。ここには一風変わった妖精が棲んでいる。代表格はいたずらものの「ピクシー」。家に付いたり、野原でガリトラップ（妖精の輪）を作ったりなど、人魂に似た火の固まりになって飛び、妖精の特徴的な要素をほとんど備えている。コーンウォールでは妖精は変身して元の姿に戻るたびに小さくなり、最終的に「ムリアン」と呼ばれるアリになり消えると考えられているので、この地方ではアリを殺すと縁起が悪いといわれている。荒野や道端に先史時代のストーンサークルやメンヒルなど巨大遺跡が点在し、コーンウォールには語りつがれている巨人伝説が多く、巨人の妖精スプリガンの活躍を彷彿させる。地下鉱脈に恵まれ古くから錫（すず）や銅の鉱山が開かれ、岩を叩いて鉱脈の在処を教える「ノッカー」など鉱山の仕事をする妖精もいる。ゼノアやキュアリーなどの漁村には、人間と仲良くやっていく「マーメイド」の話も残されている。

〈イングランド〉ブリテン島の南東部、首都ロンドンを抱えるイングランド地方は、人口が多いせいか「ボギー」「ボガート」などの家に付く妖精や、「ロビン・グッドフェロー」といった家事好き妖精（ドメスティック・フェアリー）や、姿を変えて人をだましても人を手伝う親しいゴブリン系の妖精が多く棲んでいる。またイングランドに特徴的な沼沢地方からは、「ジャック・オ・ランタン」など、小鳥や虫の足に沼の苔がついて飛ぶ鬼火が多く生まれている。

〈アイルランド〉ブリテン島の西の海上に浮かぶアイルランドは、これまで見てきたように「ケルトの心臓」といえる島である。別名エメラルド・アイランドと呼ばれるほど美しいこの島は、緑の丘や澄んだ湖に恵まれ、巨石も多く残っている。海流と島内の水源の関係から気象の変化が激しく、突然雨が降り注ぐことで知られ、この「アイリッシュ・レイン」は後に美しい虹を見せてくれる。もちろんアイルランドは妖精の宝庫だ。片方靴屋の「レプラコーン」、酒倉に住む「クルラホーン」、生命の代わりに霊感を与える「リャナン・シー」や、いたずらものの「プーカ」、愛をささやき誘惑する「ガンコナー」、古い家に付き、家人の死を知らせる「バン・シー」、水辺の「水棲牛」（アッハ・イシュカ）、海に棲む「メロー」など、種類も性質も変化に富んでいる。

4 自然の精霊としての妖精

自然のなかに妖精を感じる

春の野に咲くタンポポや水仙の花を見ていると、夢中で咲いていているようなその姿に、思わずひとつひとつの花の中に、それをせっせと咲かせている妖精がいるような錯覚を覚えたことはないだろうか。さらに想像力を働かせてみると、アネモネは真っ赤なドレスを着た少女の妖精、アザミはいたずら好きの男の子の妖精、雪割草（ゆきわりそう）は慎ましい可憐な妖精乙女、そして豪華なバラは妖精の女王……そんなふうに思えてくる。花自体が妖精に見えてくるのである。

イギリスの画家ウォルター・クレインやシシリー・バーカーなどによって、こうした妖精たちは「花の妖精」「樹木の妖精」として視覚化されてきたが、このイマジネーションは現代に生き

★ウォルター・クレイン『シェイクスピアの庭の花たち』より

る私たち日本人にとっても十分に共感し、共有できるものであろう。

第1項「妖精の六つの淵源」でも触れたように、自然に生命を見いだし精霊を感じる精神は、妖精を生み出す重要な土壌のひとつであった。

この項では、「自然の精霊」としての妖精の姿を浮き彫りにしていきたいと思う。

樹木に宿る精霊

日本には何百年も齢（よわい）を重ねた樹木にしめ縄を張り、御神木としてたてまつる信仰が古代からある。このように樹木を神聖なもの、神や精霊が宿るものとして敬う樹木信仰は世界各地にも存在している。とくにイギリスの場合、都会にある公園にも樹齢何百年という古木が多い。また家の塀にめり込んで何百年も石と共に生きる古木もあれば、沼地を隔てて両岸に根をつなげて生きる木もあるというように、樹木の持つ生命力の不可思議さを示すような例がたくさんある。それだけに、古木にまつわる話や樹木・果樹に対する信仰も、各地に古くから根づいているのである。

魔力があると信じられている代表的な樹木は、「オーク」「トネリコ」「サンザシ」の三種類である。ほかにも果実がなるリンゴとハシバミ、またナナカマド、ヒイラギ、ニレ、ヤナギ、ニワトコ、ハンノキなども魔法に関係を持っているといわれる樹木である。妖精は古木を好むが、中でも白い花、香りの良い花、赤い実を付けたものなどを好むという。

魔力を秘める三種の樹木

オーク（樫の木）は日本のミズナラという木に似ていて、ケルト民族には古代から神聖な木で、魔力があると信じられていた。たとえばドルイド僧の「魔法の杖」も、オーク製である。オークの木には妖精が棲んでいるといわれ、切られると妖精がひどく怒り悪意を持って切り株か

★アーサー・ラッカム『ケンジントン公園のピーター・パン』

★リチャード・ダッド『妖精木こりの最後の一撃』より

ら出た若芽に満ちるので、その時期に森に入るのは危険だという言い伝えもある。

オークが樹木の王だとすると、キューピッドの矢に使われているトネリコは、さしずめ王子といったところだろうか。トネリコは生木でもすぐ点火するが、煙が出ないという不思議な木である。北欧神話の『エッダ』には、神オーディーンが、トネリコから最初の男を、ニレの木から最初の女をつくったという言い伝えがある。また、全宇宙を覆う常緑樹「世界の木・イグドラシール」（その根・幹・枝が天と地と地下を結ぶとされる）をトネリコとする神話もある。今でもスコットランドには、その赤い実で首輪をつくって家畜にかけ、ウェールズには、その小枝で十字をつくり、魔除け、邪眼除け、妖精除けとする習慣がある。実際、苦いタンニンを含むトネリコの樹皮は、昔から肝臓病やリューマチの薬として用いられ、葉も緩下剤や中風に効く薬とされ、乾燥させてお茶に混ぜて飲まれてきた。こうした効能も古代ケルトの人々は樹木の精霊による不思議な魔力と思い、感謝したのである。

白い花を一面に咲かせるサンザシは、別名サマー・スノー。雷除けとして昔から生け垣や畑に植えられてきた。三本、あるいはそれ以上のサンザシが輪になって生えている場所は、妖精のもっとも好む場所であるといわれている。だから、この木を切れば牛や子供に死なれたり、記憶を失ったりするのだといわれている。とくに白い花には死霊が宿り、家に持ち込むと不幸が起こるとされる。また、メイ・デイ（五月一日）やミッドサマー（六月二四日）、ハロウィーン（一〇月三一日）にこの木の下に座っていると、妖精の国に連れていかれるという言い伝えもある。

不思議な樹木のエピソード

このほかに不思議な力を持つといわれる樹木を簡単にみていこう。サンザシと同じく白い花をつけるリンゴにもちょっと怖い逸話がある。たとえば、中世ロマンス『オルフェオ王』の物語では、王妃が白い花を付けた「接ぎ木リンゴ」(インプ・ツリー)の木の下で眠っていると、妖精の国に連れ去られてしまう。この物語の中でオルフェオ王はハープ弾きに姿を変え、妖精の国まで行って妃を連れ戻している。

ニレとヤナギもなかなか不気味だ。

もしも夜更けに、出歩けば、
嘆くニレの木、怒るオーク、
歩くヤナギに出会うだろう

という古謡の一節がある。ニレの木は病気に弱く一本が倒れると近くの木も枯れていくため、ニレの木は病を恐れて「嘆く」のだ。また、Y字形の小枝で占い棒をつくると運命が占え(ダウジングという)、それを旅に持っていくと妖精の加護があるともいわれている。しかし枝にはいろいろな夢が宿っているので、この木の下で眠ると奇妙な夢や恐怖にうなされたりするという。

ヤナギには、真夜中になると自分で根を引き抜いて、ひとり歩く旅人の後ろをつぶやきながらついてゆく「ヤナギ老人」の話がある。日本でも「ヤナギの下に幽霊」というのは定番だが、イギリスにも深夜の荒れ地を通ると、ヤナギの茂みから魔女のささやきや笑い声が聞こえるという言い伝えがある。しかもそれは魔女がヤナギの木の下で、悪魔に魂を売ったためだという。また、「ウィーピング・ウィロー」(泣きヤナギ、しだれヤナギ)という呼ばれかたもある。確かにしだれて水を含んだヤナギの枝葉は、泣いているような気味の悪い音をたてるし、風になびく姿は髪を振り乱しているようにも見える。ヤナギのこうした特徴から、さまざまな怖いエピソードが生まれているのであろう。

樹木はそれぞれの特色、季節の移り変わり、年齢によってさまざまな姿を見せてくれる。それはあたかも人間の生命の営みのようでもあり、それゆえ私たち人間は、樹木に「精霊」が宿ると信じたくなるのかもしれない。たとえばギリシア神話の「ニンフ」、あるいは日本の神話に出てくる、袖を振って秋の木々の葉を紅く色づかせる「立田姫(たつたひめ)」のように。そしてこうした樹木の精霊は、樹木の「妖精」と呼んでもいいように思えてくる。

妖精とキノコ

月夜の明かりに照らされながら妖精たちが輪になって踊る、という民間伝承がある。この輪の中に引きずり込まれたある男が、妖精の音楽に浮かれて何日も踊り続け、友人に助け出されたときには足の指がすり減って無くなっていたという話や、輪の中に落ちたら妖精の国に通じていたという話もそうしたひとつだ。実際イギリスでは、しばしばこうした「妖精の輪」(大体直径三〇センチ~一メートルくらい)が、草原の上に見受けられる(日本でも見受けられる)。

実はこの「輪」の正体は、キノコの胞子である。現代の科学からいえばキノコの胞子から伸びた菌糸が放射状に広がり、その先端の土壌が円を描くように豊かになり、その部分の草はより高く茂り、一方、円の内側の草は栄養不足となり、そこだけ丸く禿げたように見える。これがキノコをぐるりと取り囲む「妖精の輪」（フェアリー・リング）なのだ。

シェイクスピアは『テンペスト』の戯曲の中で、

雄羊も食べぬ酸っぱい緑の草で、
月夜に輪を作る小さな操り人形（ドゥミパペット）たちよ。
真夜中には、キノコ作りに時を費やし、
厳かな夜の鐘の音を聞くと、
喜んで飛び出してくる者たちよ。（五幕一場）

とプロスペローのセリフを書いている。食べるキノコやテーブルにするキノコを歌っている。この詩句は、ミラノ公爵で魔術師のプロスペローが魔法の杖を海に投げる最終幕の場面で、魔術の手伝いをスピリットの使魔エアリエルやエルフたちに呼び掛ける別れの言葉である。「真夜中のキノコづくり……」とあるが、確かにキノコには、前日まで何もなかった草むらや地面に、翌朝突如にょっきりと生えているような不思議さがある。いかにもエルフたちが、一晩中せっせと仕事をした成果のように思えてくる。キノコ自体のコミカルな形態、そのさまざまな色もまた、

★リチャード・ダッド『パック』

★ウィリアム・ホルムズ・サリヴァン『魅惑された笛吹き』

不思議と妖精のイメージにしっくりくるものだ。

キノコは、民間伝承において異界の象徴と考えられてきた。あるキノコは「コープス・ファインダー」（死体発見茸）と名づけられているように、死のイメージをも喚起してきたのである。種類によっては食べると幻覚症状を引き起こしたり、笑いが止まらなくなったりなど、なにかしら「危なさ」がつきまとうからかもしれない。

一方でキノコは、昔から薬としても重用されてきた。たとえば乾燥させて煎じ、紅茶に入れて飲むと肝臓に効き、長生きするとも信じられている。中国でもキノコは不老不死の薬といわれるし、日本でもサルノコシカケがガンに効くといわれるように。

こうした中間的などっちつかず、変幻自在のキノコの在り方は、中つ国をさまよい、変身したり突然姿を消したりする妖精の妖しさ奇妙さ不思議さに、なにか似通うものがあるのではないだろうか。

草花の妖精

妖精は花になったり、花を洋服や道具に使ったり、住処や寝床にしたり、薬や食物にしたりするという。ただしどちらかというと降り注ぐ太陽の下の花よりも、下草に潜むように咲く花の方が妖精の好みのようだ。たとえばカウスリップは別名「妖精のカップ」。その花の中に妖精が身を隠し、寝床にするといわれる。この花で妖精の国の入り口が開き、花の下に隠された金銀の壺が見つかるといわれることから「鍵の花」（キー・フラワー）とも呼ばれている。プリムロー

★フランシス・ダンビー『「夏の夜の夢」の一場面』

★アーサー・ヘルベルト・バックランド『妖精とカブトムシ』

★アメリア・ジェーン・マレー『バラの上のカタツムリに座るバラの葉を持つ妖精』

ズも同じく「鍵の花」とされるが、間違えると破滅の門が開いてしまうという。カウスリップをさかさまに植えると花の色が黄色から赤に変わるとか、プリムローズに変わってしまうという言い伝えもある。二つの花は妖精を介して密接に関係する花と信じられていたのである。

「釣り鐘状」の花ジギタリスやブルーベルなども妖精のお気に入りだ。ジギタリスはウェールズ地方では「妖精の手袋」、アイルランドでも「妖精の指ぬき」と呼ばれている。また、アイルランドの妖精「シーフラ」は、いつもジギタリスの帽子を被っている。この花の釣り鐘状の形態をさして、妖精が花の中に住んでいて重いので、いつも頭を下げているのだといわれている。このほか「妖精のペチコート」「妖精のドレス」「妖精のベル」という別名もあるように、花は妖精との関係が非常に深い。

Ⅱ章

妖精のエンサイクロペディア

1 妖精の分類

その容姿や性質に、風土や地形、住民の風俗や習慣の特色を備えた妖精たちが、ブリテン島の各地方の民間には、古代から数多く伝えられている。そして人々の心の奥底に生き続けている。百種以上あるそれらの妖精たちの種類を分類するには、いくつかの基準が考えられるが、大別すると次の四つになるだろう。

（1）妖精の生活の形態からの分類。家庭を作り子供を生み育て社会を成し、王と女王を中心に国家を形成し暮らす集団と、これに反し群れを離れ、一人で生活する妖精たちなどに分ける方法。

（2）民族の系統からの分類。

（3）妖精の持つ種々の性質からの分類。

（4）人間側の表現方法から形成された妖精像をもとにした分類。

『妖精事典』（一九七六年）でキャサリン・M・ブリッグズ女史が言うように「違った型の妖精が、ある場所から他の場所へ伝わっていく間に、たがいに混ざり合ったり、ある地方の妖精の名前が、ほかの地方でまったく違った妖精を指すのに使われていたりすることがあるので、妖精について断定的なことを言うのは非常に難しい」のである。たしかにアイルランドのプーカやスコットランドのブラウニー、そしてコーンウォールのピクシーなどは、その家事好きな人なつっこい性質やその容姿や行為から、同じ種類のように思えてくる。しかし詳しくみていくと、その地方の風土や住人の特色を備えていたり、異なった種類とみられるからだ。

現在の研究者たちの妖精分類の基準を作っているのは、アイルランドのW・B・イエイツの分類である。もちろんウォルター・スコットが『スコットランド国境地方の吟唱詩歌集』(一八〇二—〇三年)で解説した、主としてスコットランドの妖精に関する分類の貢献度は大きいが、イエイツの二大分類はこれ以後の研究者たちの基礎概念になっているようだ。アイルランド、スコットランドをあげたのでウェールズをあげると、『マビノギオン』であろうか。アーサー王伝説が主であるが、「フラゲルフの白書」(一三〇〇年)や「ヘルゲストの赤書」(一三七五年)等は民話に関係している。

イエイツの分類は、アイルランドの農民や漁夫の間に語られていた妖精物語(バーディック・テールズ)やフォーク・テールズ、フェアリー・テールズを収集し再話化したクロフトン・クローカーやダグラス・ハイド、レディ・ワイルド(オスカー・ワイルドの母)ら十二人の妖精話六七篇、妖精詩一〇三篇を編集した『アイルランド農民の民話・妖精物語』(一八八八年)のアンソロジーに付録として付けられたものである。以下にイエイツほかの分類例をあげておく。

(1) 生活形態からの分類

W・B・イエイツ(一八六五—一九三九年)『アイルランド農民の民話・妖精物語』(一八八八年)より。

①「群れをなして暮らす妖精」ショーグ(陸に住むもの)、メロー(海に住むもの)など。

②「一人暮らしの妖精」プーカ、レプラホーン、クルラホーン、ガンコナー、リャナン・シー、バン・シーなど。

(2) 種族からの分類

フローリス・ドラットル(一八八〇—一九五〇年)『妖精の世界』(一九一二年)より。

①「ケルト系のフェアリー」プーカ、レプラホーン、ピクシーなど。

②「チュートン系のエルフ」ブラウニー、コボルト、ドワーフなど。

③「アーサー王伝説のフェ」モルガン・ル・フェ、ニミュエ「湖の乙女(レディ・オブ・ザ・レイク)」など。

(3) 性質からの分類

キャサリン・M・ブリッグズ(一八九八—一九八〇年)『妖精の園の住民』(一九五三年)より。

①国を作る妖精

A「英雄妖精(ヒロイック・フェアリー)」オシーン、タム=リン、アーサー王など。

B「群れをなす妖精(トルーピング・フェアリー)」妖精王と王妃の国、社会、家族形成など。

C「家事好き妖精(ドメスティック・フェアリー)」レプラホーン、ハベトロット、ピクシーなど。

②「守護妖精(ガーディアン・フェアリー)」バン・シー、ボガード、ブラウニー、プーカなど。

③「自然の妖精（ネイチャー・フェアリー）」メロー、ローン、カリアッハ・ヴェーラなど。
④「怪物（モンスター）、魔女（ウィッチ）、巨人（ジャイアント）」ドラゴン、ヘドリー・コウなど。

K・M・ブリッグズ女史は、ルース・タングの収集した話を基に、自ら選択し再話化し分類した昔話の集大成といえる『英国昔話事典』四巻（一九七〇―七一年）を出している。その際、ステッツ・タムソンの『タイプ（型）・インデックス』（一九六一年）および『モティーフ（主題）・インデックス』（六巻、一九五五―五八年）を基に、五部門と十八の項目に分類している。その中心は（1）寓話と類型（2）妖精物語（3）滑稽譚（4）小説（5）お伽話である。このうち（2）が、妖精など超自然的生き物の話である。第二部には具体的な妖精の話が集められているが、ブリッグズの妖精分類の基がうかがえる項目があがっている。十四のうち、妖精の分類に相当するものは起源神話や地方伝説を除くと、半分の七つ（①ブラック・ドッグ　②ボギー　③ドラゴン　④フェアリー　⑤ゴースト　⑤ジャイアント　⑦ウィッチ）である。ここからブリッグズ女史が扱った民話の中で、具体的に何が多かったか分かる。

ステッツ・タムソンの『モティーフ・インデックス』六巻は、各国（東洋は除く）の神話・伝説・民謡・昔話・寓話・笑話を基に、四万に及ぶ主題が扱われているが、この主題目録で分類することが、現在では国際的な昔話研究の基礎的作業になっている。この目録の中の「妖精」の項目は、Ｆの二〇〇から三九九「不思議な生きもの」の四四ページにわたっている。ブリッグズ女史は『妖精事典』の各項目の末尾にも必ずこの分類番号を付し、各項目の話の種類を正確に分類している。この他で、分類のために参考にすべき主な妖精研究書をあげておく。

トマス・キートリー『妖精神話集』（一八三四年）
シドニー・ハートランド『妖精物語研究』（一八九一年）
エヴァンス・ウェンツ『ケルト諸国における妖精信仰』（一九一一年）
ルイス・スペンス『ブリテン島の妖精起源』（一九四六年）
キャロリン・ホワイト『アイルランドの妖精史』（一九七六年）

また文学や芸術、すなわち絵画や陶器、音楽やバレエ、演劇など芸術の主題に使われた妖精像の変遷をみていくと、テマトロジー（主題研究）やシュトッフゲシヒテ（題材研究）、ひいては民族の想像力の背景としての比較文化の問題にまで広がっていく。こうした広範な妖精像の変遷研究の分野を、整理すると次のようになるだろう。

（4）人間の表現による妖精像の分類（井村君江による）

①語られた妖精（民間伝承・神話・伝説）
②書かれた妖精（古文献・純文学・児童文学）
③描かれた妖精（絵画・挿絵・デザイン）
④演じられた妖精（演劇・バレエ・音楽）

⑤造られた妖精（彫刻・陶器・人形）
⑥感じられた妖精（香り）
⑦未来の妖精（映画・写真・コンピューター）

この研究のうち、①〜⑤までの考察については（⑥⑦は将来の問題）、次章でさらに詳しく紹介しているので参考にしてもらいたい。

2 妖精の語源と別称

妖精の日本語訳

「妖精」という語が日本で一般に用いられるようになったのは大正末期・昭和初期の頃である。明治三四年、上田敏は「仙女の説」という小論を書いて、「フェアリィ Fairy に好訳字無し。ただ仮に「仙女」と呼びその性質の範囲を定め、輪郭を設くるのみ」と日本語には同じ概念がないことを指摘している。そして Fairy を「蝶の化生」「虫の変化」のような「縹渺（ひょうびょう）」とした夢幻の仙女」といっている。しかしこの「仙女」という語は、すでに『元亨釈書』（一三二二年）に用いられている（幸田露伴「芳山の仙女」参照）。また『風土記』では仙女に類する超自然の存在を「天女」「西王母」「乙姫」といった中国系の語で呼んでいる。

大正末期から昭和初期にかけて、アイルランドの詩を翻訳した西条八十は「妖女」（大正一一年）を用いていたが、アイルランド文学を頻繁に訳出した松村みね子（本名片山廣子、旧姓吉田廣子）は「妖精」（大正一四年）の訳語を用い、芥川龍之介は「精霊（フェアリィ）」（大正一三年）、菊池寛は「仙女」「女の魔神」（大正一四年）という訳語を用いている。この頃「愛蘭土文学会」を作った吉江喬松や日夏耿之介たちも、作品の中で「妖しい自然の精霊」として「妖精」という訳語を頻繁に使い始め、Fairy の訳語として平成の現代では、「妖精」が定着している。

妖精の語源

この項では「妖精」フェアリー（Fairy）、そして日本の辞典では「小妖精」と訳されているエルフ（Elf）、さらにフランス系のフェ（Fée, Fay）の語源、派生をたどる。続いて、人間に暴露されることが嫌いで、秘密好きのフェアリーの婉曲的な呼称をみていく。

フェアリー（Fairy）の語源……中世フランス語フェ（fay, fee）より派生。ペルシャ語のペリ（peri）からとする説もある。

語源はラテン語のファトゥム（fatum, 複数形は fata＝運命、宿命、死）。ファトゥムやファータから派生したラテン語動詞ファターレ（fatare＝魔法をかける、魅惑する）より来ており、フランス語のフェール（faer, feer＝魔法のかかった、魅惑された）が生成語。ここから「幻覚」

「魔法」を意味する中世フランス語の名詞フェーリー（feerie）が派生し、英語に入ってfayerye, faery, pharie, faerie, と時代を経てさまざまな語形を経て、fairyと定着した。

Fatae（ラテン語のfataを女性名詞単数とみなした際の複数形）には、ギリシア・ローマの運命を司る三女神、人間の運命の糸を織るクロート（糸を紡ぐ）、ラケシス（矯める）、アトロポス（切る）の姿が重ねられており、人間の運命を左右し、誕生に立ちあう妖精の代母の由来がわかる。

Phaerieという語を、ジェームス一世（一五六六―一六二五年）は『悪魔学』（一五九七年）のなかで使っており、ローマの月の女神ダイアナを重ねている。

エルフ（Elf）の語源……古代ノルド語アルフル（alfr）、アルフ（alf）より派生。語源はラテン語アルブス（albus＝白）あるいはアルペス（alpes＝山）、北欧語エルフ（erf＝水）。またアイルランドのアルファ（alfa）、アルファフォルク（Alfa-folk＝守護神の名）より由来。古英語エルフ（aelf）は、古代高地ドイツ語アルプ（aelp）より派生（ドイツ語のアルプは「悪夢」の意）。アングロ・サクソン語ではエルフ（Aelf）古い語形にはaelf, ylf, alve, elbes, elvis, などがあり、elfとなる。

フェ（Fay）の語源……フランス語フェ（fée）、中世フランス語形は、fae, faie。ラテン語のファトゥムより派生。

シー（Sidhe）の語源……ゲール語でシー（sidh, 複数形はsidhe, 英語綴はshee）は「土塚・丘」の意。ここから「丘に住む人→妖精」となる。ファー・シー（Fear sidhe, 妖精の男性）、バン・シー（Bean sidhe, 妖精の女性）。「妖精全体」はディーナ・シー（Daoine sidhe）、「妖精の群れ」はスルーア・シー（Sluagh sidhe）。

妖精の婉曲的な呼び方

妖精は、直接名指しされることを嫌がる。そのため機嫌をとり褒めるような良い名前か、あるいは間接的な名称で呼ぶのが良いと信じられていた。小さい体でいたずらや悪いことをする妖精たちをなだめすかし、悪さや害や不運を封じるような呼び方である。いわばお世辞を言っているわけだ。いくつか例をあげておこう。

「小さい人たち」（The Little People）
「ちびさんたち」（Wee Folk）
「気のよいやつら」（The Good People）
「あの人たち」（It）
「昔の人たち」（The People of the Past）
「正直な人たち」（The Honest People）

「良いお隣りさん」(The Good Neighbours)
「平和好きの人たち」(People of the Peace)
「丘の人たち」(The Hill Folk)
「あちらさん」(They)
「忘れっぽい人」(The Forgetful People)
「金髪族」(The Fair People)
「良家の人」(Gentry)

3　妖精の種類「小辞典」

イギリスは、ブリテン島の三つの地方、スコットランド、ウェールズ、イングランドとアイルランドの北部地方から成り立っている。これら各地方の「民間伝承の妖精」に、妖精分布上特色あるコーンウォール地方(イングランド南西部にあたる)とマン島(独立自治政府を持つ)の妖精、これに「中世の医学者パラケルスス」の元素の妖精と、子供たちを危険な場所や遊びから遠ざけるために創出された「子供部屋の妖精」を加えて、主な妖精の辞典をつくってみた。

★ヘルマン・ヘンドリッヒ『ウィル・オ・ザ・ウィスプと蛇』

◉イングランドの妖精

アビー・ラバー［Abbey lubber］……「修道院の怠け者、無骨者」の意。修道院の酒蔵や台所に現れては、修道士たちを酒浸りや、飽食、好色などに誘惑する小悪魔。中でも有名なフライヤー・ラッシュは、堕落した豊かな修道院を破滅させるために地獄から遣わされたが、その使命を達成する直前で、修道院長に正体を見破られ、馬の姿に変えられ、追放されてしまう。そして修道士たちはその経験を悔い改めて、堕落する前よりも品行方正な生活を送るようになったという。

ウィル・オ・ザ・ウィスプ［Will o' the Wisp］……鬼火で「ジャック・オ・ランタン」「死のロウソク」「ジェニイの燃えるしっぽ」「スパンキー」など呼び名はさまざま。総称はIgnis Fatius（愚かな火）。プーカが人をだますときに化ける火の玉、鬼火。洗礼前に死んだ子供の魂ともいわれる。その明かりを目指して進んでも途中で急に消え、船は進路を失って暗礁に乗り入れたり、旅人は沼に落ちたり危険な目に遭わされることがある。スパンキーはハロウィーンの葬式に、その年の幽霊を集めるといわれる。

エインスル［Ainsel］……イングランド北部ノーサンバーランド地方のある農家に、未亡人と息子が住んでいた。母親の言うことを聞かずに夜遅くまで暖炉の側で遊んでいた男の子の前に、可愛らしい小さな妖精の女の子が煙突から現れた。驚いて名前を尋ねると、「エインスル（自身）よ」と答え、名前を尋ねられた男の子は「マイ・エインスル（僕自身）」と答えた。二人は一緒に遊び始めたが、暖炉の火が小さくなったので男の子は火をかき回した。そのとき燃え殻がエインスルの足に飛び、彼女が大きな悲鳴を上げたので、男の子は驚いて薪の後ろに隠れた。すると年をとったいかめしい妖精が物凄い勢いで煙突から飛び出してきて、「どうしたっていうの？」と尋ねた。女の子が「母さん、火傷をしたの」と訴えると、母親は誰がやったのかと尋ねたが、女の子が「マイ・エインスルよ」と答えたので、「自分でやったんじゃないか」と怒って女の子を煙突の奥に蹴り上げたので、男の子は助かった。

グレムリン［Gremlin］……機械や道具、飛行機などにつく妖精。魔法の槍や船を作ったドワーフやゴブリンの系統を引いているので、科学や力学の知識に詳しい。蒸気機関の発明者ワットにヤカンの蓋を上げ下げして見せ、蒸気の力に気づかせたのは、スコットランドのグレムリンであったといわれる。物理の本質を見抜いているので、機械原理学「グレムリノロジー」に気づきそれを利用すれば便利だが、いたずらに使われるとやっかいである。たとえばトースターを押さえてパンを出なくして焦がしたり、シャワーのお湯を急に水にしたり、時には大好きな飛行機のプロ

★ヘンリーフォード『ホブコブリン』

ペラに群がったりネジで遊んだり、翼にぶらさがったりして、飛行機の調子を狂わせたりする。

コールド・ラッド・オブ・ヒルトン［**Cauld Lad of Hilton**］……ヒルトンの血なし少年。半分ブラウニー、半分幽霊の家事好き妖精。昔、怒ったヒルトン領主の手で発作的に殺されてしまった、馬小屋番の少年の幽霊だと思われている。夜毎に台所の辺りで働くが、片付いているものは放り投げ、散らかっていれば片付けるという、つむじ曲がりの一面もある。手伝ってくれたお礼として召使たちがマントとフードを置いておくと、夜明けとともにいずこともなく消えてしまう。仲間に見せに行くのか、人のために働く使役の義務から自由になったのかいろいろな説がある。

ゴブリン［**Goblins**］……ウェールズのコブラナイと似ている。昔アングリアではポーキー・ホーキーといった。ホブゴブリンやドワーフに似た性質を持ち、人間にはやや好意的。ドイツのコボルトと性質が近い。ゴブリンは子供と馬を好み、馬のたてがみに櫛を入れたり子供に食べ物を運んできたりするが、悪い子供はつねる。身体は小さく浅黒く、悪意に満ちたいたずらをする。地下鉱脈で働くといわれる。

シルキー［Silky］……白い婦人（ホワイト・レディ）の呼び名。「ヒルトンの血なし少年」のような亡霊の一種とも考えられている。イングランド北部ノーサンバーランドのブラックヘンドンのシルキーは、ブラウニーに似ており、散らかっているものを片付け、整頓されているものを散らかす天の邪鬼でもある。滝の上に張り出す古木の交差した枝（シルキーの椅子）に座り、身体を揺すったり、馬に乗った人の後をつけて邪魔をしたりする。目もくらむような絹を着て人家の辺りをうろつくのは、ある宝物を探す幽霊だからともいわれる。もっともよく知られたシルキーは、ニューカッスル近くのデントン・ホールに住み着いたシルキーで、老女たちのために掃除や暖炉の火を燃やしたり手伝いをしてくれていたが、次の代の人とは性があわず、怖がらせて屋敷から追い払ってしまったという。

ドゥアガー［Duergar］……人間に敵意を持つ一人暮らしの妖精。イングランド北部地方に住む。日が暮れて道に迷った旅人が、羊飼いの小屋で一夜を明かそうとしたところ、ドゥアガーが入ってきて、焚き火の前に座り薪をくべろと言った。罠を察した旅人は無言で動かずにいたが、やがて夜が明けると小屋もドゥアガーも消え、彼は崖の突端の石に座っており、もう一歩で谷底に落ちるところだった。

ロブ・リ・バイ・ザ・ファイアー［Lob-Lie-by-the-Fire］……「炉端のロブ」で、暖炉に吊るされた自在鉤に住んでいる妖精。燃えている火に両手を暖めに来て、自在鉤を揺らして遊び、明け方には、どこかに帰るといわれる。十九世紀の詩人ウォルター・デ・ラ・メアはこの妖精を歌い、人間のように妻もいる巨人であるとし、最後にこう結んでいる。『ロブには朝飯がご馳走だ／仕事の給金だったのだ／そしてきっちり一時間、暗がりで／大きな両手を暖めること』。

ヘドリー・コウ［Hedley Kow］……ボギー、ボギー・ビーストの一種。人間に対して敵意はないが、いたずらを仕掛ける。羊毛の束やワラに化け、拾おうとすると金になったり石に変わったり、最後には高笑いと共に消えてしまう。雌牛に姿を変えて乳しぼり娘に後を追わせ、バケツをひっくり返したり、産婆を呼びに行く人を邪魔したりと、村に現れては姿を変え、いろいろな悪さをする妖精。

ボガート［Boggart］……家につくいたずら妖精。ヨークシャーの農家の羽目板に木の節目が抜けた妖精の穴（エルフ・ボア）があり、子供たちは靴べらを差し込んでボガートと遊んでいた。ボガートはポルターガイスト（音立て妖精）に似て、騒音を立てては子供に悪いいたずらをしかけるので、一家は引っ越そうとする。しかし引っ越し荷車にはすでにボガートも乗っていた。どこにいってもその一家に付いてくるなら同じことと、引っ越しは中止となった。ホブゴブリンと同種で、ブラウニーの転落したもの。ボガート、ボーグル、ドービーと性格が悪くなっていく。

ボギー［Bogy, Bogies］……家つき妖精。いたずら好きで危険だが愚か者。畑を自分のものだというボギーと、農夫は作物を分けることにした。種蒔き時期に「上と下とどっちを取る？」と聞くと「下だ」とボギーが答えたので小麦を植えた。そのためボギーは根ばかりだった。「今度は上だ」とボギーが挑んだが、農夫はカブを植えたためボギーは葉ばかりだった。翌年には麦の刈り取り競争を挑んだが、農夫が畑に鉄棒を入れたので、ボギーは鎌の刃を落とし、「オレっちの負けだ」と言って消えてしまった。

リーフマン、グリーンマン〔Leafman, Greenman〕……木の葉男。緑の木の精。教会の柱や天井飾り（ボス）に目玉をギョロつかせ、口から葉っぱを吐き出している男の顔。森の精として植物の生命力と豊穣を司る異教の神で、ケルトでは死からの再生力を象徴していた。教会の樫の木の精として、建築家に霊感を与える役目も果たしている。現在でも民間信仰に残っており、メイ・クイーンやロビン・フッドと共に、山のような葉っぱを着た木の葉男「ジャック・イン・ザ・グリーン」が、生命力の象徴として祭りで活躍する。最後には水に放り投げられるが、最近は人形が使われる。このグリーンマンと中世の壁飾りなどに描かれている森の男（ワイルドマン）の二つが、樹木の妖精の前身であろう。

ロビン・グッドフェロー〔Robin Goodfellow〕とトム・サム〔Tom Thumb〕……妖精王オーベロンが美しい田舎娘に生ませた子で、半人半妖精。早熟でいたずら好き。六歳で家出をしたが、仕立屋や掃除夫も務まらなかった。しかし、ある日、農夫の夢にオーベロンが現れ魔術を授かり、その術で人間にさまざまないたずらを仕掛けるようになる。最後にオーベロンと妖精界に入るが、そこでバグパイプを演奏している親指トム（トム・サム）と踊る。トムは子供のない親切な老夫婦の願いをマーリンがかなえて授けた子供であるが、四分で成長が止まる。名付け親の妖精の保護で武勇をたて、アーサー王の騎士にまでなる。

◉スコットランドの妖精

ウリシュク［Urisk, Uruisg］……上半身は毛深い男で、シカの足とヤギのひづめを持つ妖精。家畜の番や農場の仕事をするので、彼がやってくれれば非常に幸運なことである。人里離れた水たまりに出没するが、時には仲間をほしがって、怖がる旅人を一晩じゅう追いかけ回したりもする。一人暮らしの妖精であるが、一年に何度かはおなじウリシュク同士一緒に集まるという。

アッハ・イーシュカ［Each Uisge］……スコットランド高地地方の水棲馬。アイルランドのアッハ・イーシュカと同種。水棲馬としては恐らく最も獰猛。海や塩水湖に出没し、毛並みのよい美しい馬の姿で人間を誘うが、軽率にもその背に乗ろうものなら、肌には粘着力があって降りられず、逃げることはできない。たちまち水の中に引き込まれて食べられてしまうが肝臓は嫌いなので食べ残され、岸に打ち上げられる。巨大な鳥や美しい若者の姿で現れることもある。

カリアッハ・ヴェーラ［Cailleach Bheara］……スコットランド高地地方の冬の老婆、動物たちの保護者。青白い顔をしたやせたハッグ（老婆）。ケルト以前の古代ブリトン人が崇拝していた太古の女神が変化したもので、また冬の太陽を擬人化したものと思われている。毎年ハロウィーンに蘇り、植物の成長を奪い雪を降らせ、五月祭の前夜にヒイラギかハリエニシダの下に杖を投げ、灰色の石に変わる。

グラシュティグ［Glaistig］……スコットランド高地地方の半ば女性半ば山羊の妖精。時には緑の服を着た、小柄でがっしりとした女の姿をとる。子供好きで家畜の守護者でもあり、家事仕事も手伝う。一方で陰険な性質も持ち、旅人を道に迷わせ殺してしまった話もある。流れのほとりによく腰を掛けているので、水の精と思われるが、向う岸へ抱いて連れていけと頼まれたりする。捕らえれば、ケルピーのように水車を回し働かせることができる。

グルアガッハ、グローガッハ、グローガ［**Gruagach, Grogach, Grogan**］……スコットランド高地地方などに住むブラウニーに似た妖精。長い金髪をして、緑色の服を着た婦人の妖精で、時には美しく、時にはやつれて青ざめている。家畜の守護者で、ある意味では農園の女王人でもある。また、男のグルアガッハもいて、緑と赤の服を着た男前の若者の姿をして現れたりするが、大半は裸で毛深い小男である。気に入った農園でブラウニーがするように仕事を手伝う。

クロー・マラー［**Crodh Mara**］……「海の牛」の意のゲール語。アッハ・イーシュカほどではないが、やはり危険。角はなく、大抵は焦げ茶色で、丸い耳をしている。しかし水棲牛の雄の血が人間界の家畜の中に入ると、品種改良が大幅に進むといわれる。時にはその雄が人間界の牛の中に紛れ込むことがあるが、雌牛が夜になって群れを引き連れて妖精の丘に向かうと、その入り口が開く。そのときに牛飼いが群れの向きを変えないでいると、牛たちはその雌牛のあとについて丘の中に入り、二度と帰ってこなくなってしまうという。

ケルピー［**Kelpies**］……水棲馬。スコットランドの悪意ある水の精。馬の姿で現れ子供を溺れさせて食べるが、肝臓は岸に残す。時折、髪を水草で飾った美しい若い男の姿で現れ、少女を誘惑する。手綱を首にかけることができた人は、思いのままにケルピーを操り、水車を回させたりして働かせることができる。水面に浮かぶ緑の藻と一緒に姿を現す。アイルランドのオヒシュキと似ている。

ショートホガーズ［Shorthoggers］……ホイッティンハムの村の夜の小道を、「名前がないよ！名前がないよ！」と小さい子供の幽霊が泣きながら現れ、村人たちに恐れられていた。ある晩その子に出くわした酔っ払いが、「よう、どうしたんだい、えっ、ショートホガーズ？」と言葉をかけた。ショートホガーズというのは毛糸で編んだ赤ん坊の靴下のことで、「たーたーちゃん」ぐらいの思い付きの愛称だったが、この子にとっては立派な名前だった。「わーい、名前ができたぞ！」と喜んで叫ぶと、もう二度と現れなくなったそうである。

トロー［Trows］……シェトランドやオークニー諸島の灰色の小さい妖精。陽が沈むと住処に帰れず、岩かげに潜む。土や鳥を魚の形にこね、匂いと味をつけて食べる。トローには女性がいないので、人間をさらって妻にするが、女は赤ん坊を生むとすぐに死ぬ。トローは生涯に一度しか結婚できず、トロー自身も子供が成長すると死ぬ。永遠に生きようと独身主義を通すトローもいた。ある魔女はトローから魔法の秘密を引き出すために結婚したが、八人子供ができても死ななかった。

ナックラヴィー［Nuckelavee］……スコットランド、オークニー諸島の恐ろしい海の怪物。巨大な半人半馬の姿をし、体には皮膚がない。「大きな馬のようで、脚にはヒレがつき、口は鯨に似て、赤い目は一つ、荒縄のような毛の生えた頭は肩を転がる」。作物を襲って殺したりする。淡水には弱いので、逃げるときには小川を渡るとよい。

★ジェームズ・トーランス『ナックラヴィー』

ハベトロット［Habetrot］……糸紡ぎの守護妖精。灰色のギョロ目に鉤鼻、ぶ厚い唇が下がった醜い老婆の姿をしている。セルカークシャーのある娘は、糸をハベトロットの穴に持っていき紡いでもらっていた。領主がこの娘と結婚し、糸を紡ぐのを申しつけたが、娘は領主に穴あき石からハベトロットたちの糸紡ぎ仕事の光景や、ハベトロットを手伝う糸をなめて唇の皮が剥けた醜いスキャントリ・マグたちの姿を見せた。糸紡ぎの大変な光景を見た領主は驚き、娘はその後仕事をまぬがれた。

ブラウニー［Brownie］……勤勉な家事好き妖精。妖精のうちでもっとも知られており、特にスコットランド高地地方とイングランド全域に住む。毛深く小さい身体でぼろをまとっている。家事を手伝うが天の邪鬼で、散らかっているものは片付け、片付けてあるものは散らかす。あるブラウニーの仕事は蜂を集めることで、「ブラウニー、ブラウニー」と呼べば蜂を連れてきてくれる。麦刈り脱穀、羊の番など仕事の報酬は受けとらないが、コップ一杯のミルクは喜ぶ。マントやフードなど、着る物を贈ると、二度と現れなくなる。

ヘンキー［Henkies］……スコットランドのある地方では、足を引きずって歩くことを「ヘンク」という。ここからきたあだ名「ヘンキー」を呼称にしたトローの一種で、音楽と踊りが好きで足を引きずって踊ったり、ひざを抱えて手を握り、勢いよくピョンピョン跳ねる一種のガチョウ踊り「ヘンキー・ダンス」をする。トローには女性がいないが、ヘンキー族には女性がいる。いつも踊りたがり、人間のパーティーに紛れ込むが、相手がいないと一人で飛んだり跳ねたり身体をひねり踊るそうである。

ボーハン［Bauchan］……ボーガンともいうホブゴブリンの一種。いたずら者だが時に人助けもする。スコットランドのある農民は、自分の土地に出没するボーハンに悩まされたり助けられたりしていた。彼がアメリカに移住すると、ボーハンは入植地に先に着いていて、羊になって開墾を手伝ったという。アメリカへの移住妖精の一例である。

ローン［Ron, Roane］……アザラシ族。ローンとはアザラシを意味するゲール語。海に棲む妖精の一種で、海中を泳ぐときはアザラシの皮をつけるが、それを脱ぎ捨てて人間の姿をとることもできる。漁師がアザラシの皮を奪って隠しローンの乙女と結婚し子供もでき幸福に暮らすが、

★パーマー・コックス『果樹園のブラウニー』

ローンの妻は最後には必ず自分の皮を見つけ海へ帰ってしまうという民話もある。

ワグ・アット・ザ・ワ［wag-at-the-Wa］……「不気味な老人で足は短く曲がり、長い尾で自在鉤のバランスをとる」（Ｗ・ヘンダーソン）。鍋の掛かっていない自在鉤に腰掛け、揺さぶって遊ぶのを好む。歯痛が持病で、痛む歯をかばうように灰色のマントをかぶっている。上着は火の色の赤、ズボンは白である。炉端にいる人を見てクックッと笑ったり、嫌いなものを食べているのを見ると咳払いをする。ある地方では自在鉤を揺さぶると「鍋掛け揺らし」が来るといわれている。

◉ウェールズの妖精

エサソン［Ellyllon］……ウェールズの代表的なエルフの呼び名。ごく小さく透き通って目にとらえ難い妖精たちで、キノコや緑の苔（ライケン）、古い木の根元や石灰石などに生える、「妖精バター」と呼ばれる小さな黄色い菌類などを食べている。女王を中心に群れをなして生活している。妻が病で困っている農家に現れ、農作物の手入れをしたり、家畜に餌をやる手伝いをし、その家は栄えたが、仕事をしているところを見られたため、二度と戻ってこなかったという話がある。

グラゲーズ・アンヌーン［Gwragedd Annwn］、**グゥレイグ［Gwraig］**……ウェールズの湖に住む乙女。金髪で抜けるように白い肌の若く美しい乙女の姿で、月夜に船を漕ぎ、岩間で髪を梳（くしけず）っていたりする。人間と結婚するが、三度叩くな、鉄で触るな、どこに行っていたか尋ねるな、と夫にタブーを課す。たいがい人間はこれを破ってしまい、結婚は悲劇に終わる。持参金の妖精牛

（グワセーグ・ア・シーン）と共に湖に消えてしまうのがつねである。だが息子の所に現れて、薬草の知識を授け、有名な医師になったマズヴァイの話もある。

タルイス・テーグ［Tylwyth Teg］……「金髪族」の意味のウェールズ語。ウェールズの妖精を表す最も一般的な名称。地下か水中に住む。馬を乗り回し、牛のミルクを盗む。自分たちも金髪であるが、特に金髪の人間の子供を好んでさらう。グラモーガンシャーでは、子供たちが妖精にさらわれるのを避けるため、ベンディース・ア・ママイ（母親の祝福）と呼んで機嫌をとる。

★ラファエロ・サンツィオ『聖ゲオルギウスと竜』

ベンディース・ア・ママイ［Bendith Y Mamau］……死に瀕している子供たちを誘拐し、代わりに取り換え子を残すと考えられていたため、妖精たちを「母親の祝福」と呼んで機嫌をとったことが元の意味。ベンディース・ア・ママイは発育不全の醜い姿をしているといわれ、自分たちの血統を良くしようとして死に瀕した子供たちをさらうといわれている。

ワーム［Worms］、ドラゴン［Dragons］……ワームはミミズやサナダ虫、蛇の類いで足や翼がないが、巨大ワームはドラゴンと同じ悪の象徴である。ヨークシャーのラムトン・ワームは口に九つの点があり、家畜を食べ人家を荒らし、騎士に退治される。スコットランドのメスター・ストゥアー・ワームは三つの頭があり、王女を餌食にしようとして喉に松明を投げ込まれ、苦しみでよじった体がアイスランド島になったという。聖ジョージに退治されるドラゴンは足、翼があり、口から火を吐く。『ヨハネ黙示録』に登場するドラゴンは七つの頭と十の角を持つ。赤いドラゴンはウェールズの紋章である。

◉コーンウォールの妖精

スキリーウィデン［Skillywidden］……コーンウォールのトゥレンドレンの丘で、農夫が燃料にするゴース（ハリエニシダ）を刈っているときに捕まえた、ヒースの中に眠っていた男の子の妖精の名。ボビー・グリグラン（ヒース）と名付けられ、子供たちと仲良く遊んでいたが、探しに現れた小さな妖精の両親が「スキリーウィデン！」と呼ぶと皆の前から姿を消してしまった。この地方では「ピクシー化かし」予防にスキリーウィデンのお守りが効果があるとされている。

スプリガン［Spriggan］……巨人の亡霊といわれる。醜悪で危険な妖精で、普段は小さいが、怒ると巨大な大きさに膨れあがる。地下に埋められた宝を守り、手出しをする人間を懲らしめる。妖精の護衛役を務める。月夜の丘で催された妖精の饗宴で、欲張り老人が妖精王の金の玉座を盗もうとしたところ、巨人の大きさになったスプリガンに蜂のように刺された話がセント・ジャストに伝わっている。

ノッカー［Knockers］……コーンウォールの鉱山妖精。良い鉱夫に鉱脈の在処を叩いて教えるの

★ジョン・D・バッテン『ピクシー』

で、「叩く者（ノッカー）」の名がある。坑道に住み採掘者にとりついたり、槌の音を真似たりする。キリストの十字架を作ったために、永遠に地下の坑道で働く運命になったユダヤ人が、ノッカーになったといわれる。鉱夫のバーカーは宝石の在処を知ろうと隠れてノッカーの仕事を見ていた。道具袋の隠し場所を探していたノッカーの「バーカーの膝に置こう」という言葉で、バーカーの膝に突然重みがかかり、バーカーは不具になった。この地方ではリューマチを「バーカーの膝」ともいう。

ピクシー［Pixies, Piskies, Pigsies］……ピグシー、ピスキー、パグシーと地方によって呼び名もさまざまだ。コーンウォールの典型的な妖精の呼び名。とんがり耳でやぶにらみの茶色の小人で、ぼろを着て旅人を迷わせ（ピクシー化かし）馬を乗り回して輪（ガリトラップ＝ピクシーの輪）を描いて中を勢力範囲にし、足を踏み入れた者は怒りに触れ祟られる。麦打ちを手伝ってもらった農夫がお礼に衣服を着ると、課された使役が認められたためか、仲間に自慢するためか「小さなピクシーきゃしゃできれい、ピクシー今もう消えるとき」と歌い姿を消してしまう。

ファウル・ウェザー〔**Foul-Weather**〕……「悪天候」という意味の名を持つ小人。ある国の王が大聖堂を建てようとしたが、基礎工事だけで資金を使い果たしてしまった。王が山の中に入り途方に暮れていると、小人の老人が現れ工事を引き受けるが、完成までに自分の名前を当て、それができなければ王が心臓を差し出すという条件がつく。死ぬまでに完成はしないだろうと高を括っていた王は、一晩で姿を現した大聖堂を見て慌てた。しかし名前が当てられず、次の追加工事の案も見つからず、また山の中で途方に暮れていた。そのとき、王は偶然にも子供をあやす歌を耳にした。耳障りな大声で、歌の中に「坊やの父さん、ファウル・ウェザー」とあったのを聞き、夕暮れ時、大急ぎで大聖堂へと戻った。風見鶏を尖塔につけ、いまや仕事を終えようとしていた小人に、「まっすぐつけろよ、ファウル・ウェザー！」と呼び掛けると、小人はまっさかさまに墜落して、ガラスのように砕け散ってしまった。

ブッカ〔**Bucca**〕……ブッカ・ブーともいう。かつては漁師たちがブッカのために、砂浜に最後の魚を一匹置いたり、収穫時にはパンやビールを捧げたりして、漁を守ってもらう崇められる存在だったが、やがて単なるホブゴブリンになり、子供たちに怖がられる存在になってしまう。ブッカにはブッカ・ドゥー（黒い、悪いブッカ）とブッカ・グウィデン（白い、良いブッカ）がいる。

★ジョン・ラインハルト・ウェゲリン『ゼナーの人魚』

マーメイド［Mermaids］……上半身が美しい乙女で髪が長く、下半身が魚の海の妖精。古代の民間信仰では漁夫たちの豊漁の神で、鏡（月と羅針盤）と櫛（波を鎮める魔力）を手に持つ。またマーメイドが姿を現すのは嵐と災難の前触れともいわれる。海辺の岩に座り、甘い歌声で人間の男を誘惑する。潮が引いて海に帰れなくなった人魚を助けた人に、薬草の秘伝を授けたり、願い事を叶えたりした話がある。ゼノアの教会には、マーメイドが聖歌隊の少年と恋に落ち、二人の歌声が月夜の湾に聞こえてきた伝説がある。セナン湾には、この二人子が海の洞穴に子供と住んでいたのを発見した船乗りの話が伝わっている。

ムリアン［Muryans］……コーンウォールの蟻の呼称。この地方の地下資源を守る鉱山妖精ノッカーに関係がある。蟻は地下に住み、鉱物の在処を教えてくれる妖精の変身と考えられ、殺すと悪いことが起こると信じられている。妖精は人間と同じ大きさであったが、変身するたびに体が縮んでゆき、最後には蟻の大きさになる。蟻は妖精の最後の姿で、先史時代の民族のなれの果てとも言える。そして変身の最後には「妖精は死なず、ただ消えてゆく」わけである。

◉アイルランドの妖精

ガンコナー［Ganconer］……アイルランドのゲール語ではギャン・カナッハ「愛を語るもの」の意。口説き妖精。人気のない谷間に出没する妖精で、短い粘土製のパイプ（ドゥディーン）をくゆらし、田舎娘に言い寄った後に姿を消し、残された娘はその後、恋煩いで死ぬという。

クルラホーン［Clurachan, Cluricaune, Cluracan］……アイルランドの一人暮らしの妖精。酒蔵に入

★ウィリアム・ヘンリー・ブルック『バンシー』

り浸りいつも酔っている。靴作りのレプラホーンが仕事をやめ、飲んで浮かれている姿だという説もある。昔話採集者クロフトン・クローカーは、赤いナイトキャップ、革のエプロン、青の長いストッキング、銀のバックルつきハイヒールを履くとしている。羊や犬の背にまたがり一晩中乗り回し、泥まみれの姿で見つかることがある。

デュラハン〔**Dullahan**〕……首がないか、首を腕に抱えているかする不気味な妖精。コシュタ・バワーと呼ばれる首なし馬に引かれた黒い馬車を走らせている姿で現れる。けたたましい音を立てて家の戸口へと行き、人が戸を開けようものなら、たらいいっぱいの血を浴びせてしまう。この馬車はその家に死人が出ることの前兆となっている。

バン・シー〔**Bean Sidhe, Bean Si, Banshee**〕……アイルランドでは由緒ある家につき、人の死を予告する不吉な妖精。スコットランドのベンニー、「悲しみの洗い手」「水辺の濯(すす)ぎ手」と同じといわれる。死ぬ人の着物を川のほとりで洗い、尋ねれば死ぬ人の名を教えてくれる。緑の衣にマントを着、目を真っ赤に泣きはらし夜空を泣きながら（キーニング）飛ぶ。醜い老婆とも美しい乙女ともいわれ、垂れて醜い乳房を吸う勇気のある者は三つの願い事が叶えられる。

ファー・ゴルタ［Far Gorta］……「飢えた男」という意味。飢饉のときに現れて国中を歩き回り、物乞いをする、やせ衰えた妖精。ものを恵んでくれた人間には、幸運をもたらすといわれる。たとえば、ファー・ゴルタにお弁当をわけてやった木こりに、薪をお礼にくれたといった話が残っている。

ファー・ジャルグ［Far Darrig］……ファー・ダリッグ、ファル・イァルガともいう。「赤い男」という意味で、いつも赤い帽子に赤い服を身に付けている。年寄りの小人で、顔は皺だらけで灰色の長い髪をしているという。人家を訪れては火の側で暖まらせてくれと頼んでくるが、それを拒むと不吉なことが起きる。一般に彼は妖精界の囚われ人と見なされ、その助けによって、妖精界に足を踏み入れた人間は、彼の助言でそこから逃げ出すことができると思われている

プーカ［Puca, Phouka］……アイルランドの代表的な妖精。コーンウォールのブッカと同種。獣の精（ポック）、火かき棒（ポーク）に由来するといわれる。家事好き妖精で、人家に現れ台所や農業の手伝いをするが、バター作りのミルクの上澄みをすくったり、片付いたものを散らかしたりいたずらする。鬼火に化けて旅人の道を迷わせ（プーカ・レドン、プーカだまし）たり、ロバに化けて、乗った人を沼に落とす悪さもする。

メロー［Merrows］……アイルランドの人魚。男メローは緑の髪と歯を持ち、赤い鼻、豚のよう

な目、鱗と魚の尾ひれに水かきがあり醜いが、女の方は髪をなびかせ白く輝く腕と黒い瞳で人間を誘惑する。「コホリン・ドリュー」という赤い羽の帽子をかぶらないと海へもぐれない。ある男がその帽子を隠して女メローと結婚し、幸せに暮らし子供もできたが、男が留守にした隙に帽子を見つけた妻のメローは、海に帰ってしまう。日本の天女の羽衣に似た話である。

リャナン・シー［Leannan-Sidhe, Leanan-Sidhe］……詩人に霊感を与える女の妖精。男の愛を探し求め、拒まれれば奴隷のように仕えるが、受け入れられればとりついて命を吸い取る。虜になった男に霊感を与えるので、ゲールの詩神（ミューズ）とも考えられる。ケルトで詩人が若くして死ぬのは、リャナン・シーの恋人になるからといわれる。時折リャノーン・シーは詩人を別世界へと連れ去るが、死も彼女の支配力を妨げることはできない。

レプラホーン［Leprachaun, Lepracaun］……老人姿のけちんぼ片方靴屋。月夜の原で踊った妖精のすり減った片方の靴を直す。地下に金庫の壺を隠し持ち、捕らえて在処を白状させれば金持ちになれるといわれる。百姓の息子のトムがレプラホーンを捕らえ、宝の隠し場所を教わり、野菊の茎に赤い靴下止めを目印にした後、シャベルを手に戻ったが、野原一面は靴下止めだらけだった。人間を騙す才覚もある。いたずらを考えるときは赤い三角帽子の先を軸に、逆立ちしてクルクル回る。

★ワーウィック・ゴーブル『レプラホーン』

◉マン島の妖精

カーヴァル・ウシュタ［Cabbyl Ushtey, Cabyll-Ushtey］……「水に棲む馬」（アッハ・イーシュカ）に劣らず、危険なマン島の水棲馬。ダーク川のケルー峡谷付近の農場で、ちぎれた毛だけを残して子牛が一頭いなくなったことに農夫の妻が気付いた。翌日には農場主が、川面から巨大なものが姿を現し、子牛を一頭さらって八つ裂きにするのを目撃した。夫婦は家畜を川から遠ざけることにしたが、その数日後、夫婦の一人娘が行方知れずになり、消息を絶ってしまった。それ以後、巨大な怪物カーヴァル・ウシュタは現れなくなった。

タルー・ウシュタ［Tarroo-Ushtey］……マン島の水棲牛だが、カーヴァル・ウシュタほど危険ではない。耳は丸く、目はらんらんと輝き、とても美しい。皮を剥いだナナカマドの鞭を使えばおとなしくさせられる。あるとき普通の牛に紛れて牧草を食べているところを、農夫に棍棒で叩かれて追い返されたため、その農夫の麦畑に病害を起こし、次の年には牧草を食べているときに投げ縄を打たれたため、ジャガイモを全滅させた。

ドゥナ・エー［Dooinney Oie］……嵐を知らせる夜の見張り番。デュンニャ・オイともいわれる。クロンク・エ・トナの丘の中腹の人目に付かない洞窟に一人で住んでおり、そこに近付く者に対しては、警告として手首や足首をくじかせるなどしたため、人々は怖がってその住処には近付かないようにしていた。だがある時、ラーギィ・グロァ山の中腹の突き出たところで、嵐の到来を角笛を吹いて人々に知らせた。ラクシー周辺の漁師たちは釣糸、網、カゴなどをなくさずに済み、農夫たちも羊たちを丘から下ろして安全な場所へと移せたので、彼等はデュンニャ・オイに感謝した。

ドゥナ・マラ〔Dooinney Marrey, Dinny-Mara〕……「海の人」。ドゥナ・マラは男の人魚であり、女はベドォン・ヴァーラという。イングランドのマーマン（男の人魚）ほど凶悪ではなく、アイルランドのメローに劣らず人なつっこい。自分の赤ん坊とふざけ合ったり、贈り物をしてやったりする愛情深い父親でもある。

フェノゼリー〔Fenoderee, Phenodyree, Phynnodderee〕……マン島のブラウニー。ラバー・フェンドともいわれる炉端のロブに似ている。大柄で毛むくじゃらで醜いが、大変な力持ちで親切な妖精。かつては同じくマン島に棲む、小さな群れをなす妖精フェリシンの仲間だったが、人間の娘に夢中になり秋の祭礼に欠席したため、毛むくじゃらな姿に変えられ、追放されたのだともいわれる。

フェリシン〔Ferrishyn〕……マン島に住む妖精族の名。群れをなす妖精で、他の妖精と同じく取り換え子をしたりする。他の地域の妖精ほどには貴族的ではなく、妖精の王や女王と呼ばれる者はいない。狩猟を好み、馬も猟犬も自分のものを持っていて、その猟犬は赤耳の白犬であったり、虹色の犬であったりした。フェリシンは耳が良く、戸外ではどんな話でも聞き取ったため、人々は彼らの噂をするときは、褒め言葉を使うようにしていた。

ベドォン・ヴァーラ〔Ben-Varrey〕……マン島のマーメイドの呼称。甘い声で歌を歌い、男たちを誘惑し海に引き込むという、いわゆるマーメイドらしい性質を持っているが、他の地域のマーメイドに比べると人間に好意的で、漁師に嵐の警告をしたり、人間の一家と仲良くなったりする。

ボゲードン［Buggane］……マン島の危険で性質の悪いゴブリン。カーヴァル・ウシュタすなわち水棲馬とも同一視され、変身が得意である。普通は黒い子牛のような姿をしているが、途方もない大きさになったりする。人間に化けても、耳かひづめは動物の形のままだったという話がある。

モーザ・ドゥーグ［Mouthe Doog］……意味は「黒い犬」。十七世紀にマン島西岸のピール城に住んでいた妖精犬。マーザ・ドゥーともいい、燃えている石炭のような目をした、子牛くらいの大きさの黒犬。この犬に会うのは死の前兆といわれるが、また災難から守ってくれる守護の妖犬でもある。またモーザ・ドゥーグは犬ではなく、実は牢につながれていた者の亡霊であるとか、黒妖犬は悪魔の変身だともいわれる。

◉パラケルススの四大元素の精霊

ノーム［Gnomes］……地・水・火・風の四大元素のうち、地をつかさどる精霊。語源はGe（大地・地球）+nomus（住居）、地下に住む者の意。パラケルススの造語。髭を生やした老人の姿をし、地中を自由に動き回る。Dnosis（知識）の語も入っていて、ノームは地下の財宝の在処を知っており、それを守る役目も持つといわれる。

ウンディーネ［Undines, Ondine］……水の精霊。美しい乙女の姿をしている。人間と恋に落ち、子を生めば魂を与えられるが、同時に人間の苦悩と罰も受けるという。ドイツの作家ド・ラ・モット・フーケーはゲルマン伝説を基にした水の精と騎士の愛と死の物語『ウンディーネ』一八一一年）を書いている。

★アーサー・ラッカム『ノームたちに囲まれたリップ・ヴァン・ウィンクル』

サラマンダー［Salamander］……トカゲの姿の火の精霊。プリニウスの『博物誌』には「氷のように冷たく、火に触れると溶ける」とある。「錬金術に不可欠な火の霊」とも言われる。レオナルド・ダ・ヴィンチは、サラマンダーは炎を食べ、体皮を再生させるという。「火中に住み、繭を出す虫」ともいわれる。アナトール・フランスは「造化神が火から作った精霊で、火に住む美女で、哲学の精髄に達している男とだけ結婚する」という（『鳥料理レエヌ・ペドック亭』、一八九二年）。デ・ラ・メアは雪の上を走る熱くない裸の火の少女を歌っている。

シルフ［Sylphs］……風の精霊。

★若い娘の姿としてのシルフのイメージイラスト

そよ風はシルフの声だといわれ、純潔な人はこの優しい風の精になるという。人間と妖精の中間の存在で、男女両性があるとされていたが、次第に細身の優雅な若い娘の姿と信じられるようになった。ギリシアの蝶に変わるシルフ（silph）、サナギから派生したともいわれ、空中を飛ぶ風の精霊。

◉子供部屋の妖精

オッド・ゴギー［Awd Goggie］……ゴギー婆さんの意味。巨大な毛虫の姿をしている。悪い精といわれるが、果樹園に住み着いて、熟していない果実を子供がとらないように守っているとされ、「オッド・ゴギーに捕まるかもしれないぞ」と言って子供のいたずらを注意した。

ペグ・パウラー［Peg Powler］……水に住む邪悪な妖精。北イングランドのティーズ川に出没する。緑の髪をなびかせて手を伸ばし、親の言いつけを聞かず、特に安息日に川岸で遊んだりしている子供を、川底に引きずり込んで、溺れさせたり食べたりするという。川の上流の海綿状の塊の泡は「ペグ・パウラーの石鹸水」といわれ、もう少し細かい泡は「ペグ・パウラーのミルク」といわれる。

チャーンミルク・ペグ〔Churnmilk Peg〕……ヨークシャー西部の特に公園の妖精。実の熟れていないクルミの木の林は、子供たちに荒らされないように、彼女に守られているという。イングランド北部ではメルシュ・ディックが同じ役割を持つ。

グリーン・ティース・ジェニー〔Green Teeth Jenny〕……緑の牙のジェニー。彼女は、川辺のよどんだ水溜まりに住み、長い緑色の牙をして細い手で子供を捕らえ、水に引きずり込み、食べてしまうといわれる。よどんだ深い川や池に子供が立ち入らないようにと、母親や乳母が創り上げた典型的な妖精。

タンケラボーガス〔Tankerabogus〕……子供部屋のボギーだが、デヴォンシャーの悪魔の渾名とも見られる。サマセットではタンタラボーガースという。子供を叱るときに、「今度そんなおいたをしたら、タンケラボーガスに来てもらって、あんたを地獄の底へ連れてってもらうわよ」と叱ったという民話が残っている。

トム・ポーカー〔Tom Poker〕……他の子供部屋のボギーと同様に、暗い戸棚の中や階段の裏、誰も使わない屋根裏部屋に住んでいるといわれる。とくにイングランド東部イースト・アングリア地方で伝えられていた。

グーズベリー・ワイフ〔Gooseberry Wife〕……巨大な毛虫の姿をして、スグリ（グーズベリー）の灌木を守っている。イングランド南岸のワイト島に伝承物語がある。「庭へ出たら、グーズベリー・ワイフに捕まるぞ」といい、まだ熟していない実をとらぬよう子供を脅すために使われた妖精。

4 妖精の容姿・性質・行為・食物

妖精は、一時に一つの感情しか持てない。いたずらで遊び好きだが、種類によってはハベトロットのように糸紡ぎをしたり、レプラホーンのように靴を作ったり、鍛冶屋の仕事をしたり、妖精市をたてたりと、人間に似た仕事をする。総じて妖精にも衣・食・住ははっきりしており、家庭を持って子供を育て、社会を成し国を作るものもいる。

民間伝承の原形を考え分析するためには、現在スティッツ・タムソンの『モティーフ・インデックス』に依るのが原則になっている。その索引で妖精をみると、[F (Fairy) 二〇〇〜一六九九] に『不思議な生きもの』(Marvelous Creatures) の項目があり、その初めである [F二〇〇〜F三九九] が『フェアリーとエルフ』(Fairies and Elves) になっている。このうち取り上げられている主題をまとめてみると、次の一四になる。

フェアリー、エルフ
フェアリーランド
フェアリーの容姿
フェアリーに憑かれること

フェアリーの行為
フェアリーとの結婚または関係
フェアリーと人間の子供
恩をほどこすフェアリー
フェアリーからの贈物
フェアリーからの盗み
フェアリーの悪質な悪戯
フェアリーランド訪問
フェアリーの術を破り自由になる
フェアリーに関するその他の主題

これらを、「容姿・服装」「性質・行為」「食物」の視点から簡単に説明しておく。

妖精の容姿と服装

体の大きさは、人間と等身大のものから、アリほどに小さいものまでさまざまである。変身可能で、意のままに大きな怪物になったり小人になる妖精には、ボーグル、ホブゴブリンがいる。湖の精や、ハグなどは人間と同じ位の大きさ。モーキン、ドワーフは二、三歳児くらい、ポーチュンは昆虫、ムリアンはアリくらいの大きさである。

容姿も美しいもの、人間と動物の混合、醜く恐ろしいものまでさまざまである。ダーム・デュ・ラックやオーロラ・ボレアリスは金髪の大変美しい妖精だが、泣いたような赤い目、一個の鼻穴、水かきのついた足、長く垂れた乳房をもつバン・シーの容姿はかなり恐ろしいものである。服装は毛むくじゃらで裸か、葉っぱ、苔、木の皮など自然物で身を包んでいるものが多い。また、鳥の羽や、蝶・昆虫の翅（はね）、クモの巣、カビ、山羊の皮なども用いられる。たとえばドゥアガーは山羊の皮の上着、モグラの皮のズボンと靴、キジの羽飾りの付いた緑色の帽子を身に付けている。色に関しては、「緑の上着に赤帽子、白いフクロウの羽」が一般に妖精が好む色調とされる。この他、自然の保護色の苔色、枯葉色、そして黒、銀などがある。

妖精の性質と行為

妖精は一般的にきれい好きで、清潔な炉端や片付いた台所、きれいな水を好むという。また、夜、月、人気（ひとけ）のない野原など静かな環境に出没し、音楽や歌、踊り、乗馬、球技などを愛する。一方、自分たちのプライバシーを侵害されるとひどく怒るという。汚水や塩、鉄、聖書、ニワトリの声、陽の光などを恐れ、嫌う。住居は、土や石の洞窟や樹木の根の間などを好む。

妖精は人間の行為に対して非常に敏感である。良い行為には良いことで答えるが、悪いことをした人間には害や傷を与え、ときには命を奪うことすらある。妖精は一つの感情しかもてないので喜怒哀楽が激しく、仲間同士でも争うし、人間にもこの赤裸々な感情をぶつけてくる。だからわたしたち人間は、妖精の課したタブー（鉄で触れない。行為の理由を尋ねない。三度叩かないなど）をおかさず、最初に絞った牛の乳や、網に掛かった最後の魚などの供え物をしなければならないのだという。

人間に見られることを極端に嫌う妖精だが、五月一日のメイ・デイや、夏至前夜（ミッドサマーイヴ）、ハロウィーンなどは妖精が人間界に近付く日だといわれている。なかでも真夜中や、日暮れ、日の出の寸前、影の消える正午に妖精は現れるという。また、オリーブ油、バラの花びら、マリーゴールドでつくった薬を瞼（まぶた）に塗ったり、四つ葉のクローバーを頭に乗せると妖精が見える、というおまじないもよく知られている。すべてこれらは国や民族・時代によって、異なって語られている。

妖精の食物

十七世紀スコットランドのアバーフォイルの牧師だったロバート・カークは、『エルフ、フォーン、妖精の知られざる国』（一六九一年）のなかで、妖精のあるものは「液体を吸収しやすいので、ほんの少しの蒸留酒をすするだけで体を保つことができる」と述べている。またあるものは食物の成分のエッセンス（フォイゾン）を食べ、このエッセンスをぬかれた穀物や牛などは炭のように黒くなって崩れてしまうという。

一般に妖精の食べ物といわれているのは大麦やからす麦の挽き割り、リンゴ、小麦粉、岩苔、ツルキンバイの根、ヒースの茎、牛の肉、ミルク、バター、ワイン、木の実、ベリー類などである。また「妖精バター」と呼ばれるキノコの黄色いバター（古木の根から生える黄色い菌類）は好物のひとつだといわれている。

5 妖精用語集

「フェアリー・ゴッドマザー」とはシンデレラの物語に出てくる親切な妖精の代母のことである。また、「フェアリー・リング」（妖精の輪）のなかで足の指が無くなるまで踊り続ける話や、「フェアリー・ウォンド」（妖精の杖）で白鳥に変えられてしまう話もある。妖精物語として特別な用語が頻繁に出てくる。シェイクスピアも戯曲（『夏の夜の夢』『ヘンリー四世』『冬の夜ばなし』『ウィンザーの陽気な女房たち』）の中で、フェアリー・ピンチングやチェンジリングを使ったり、「エルフ・ロック」（髪もつれ）を使ったり（『ロミオとジュリエット』）、クリスティナ・ロセッティも「ゴブリン・マーケット」（ゴブリン市場）を詩作品の題名にしている。民間伝承物語から多くの創作童話まで、こうした妖精に関する特別な用語は数多くみられる。

そのなかで頻繁に使われ、妖精物語の雰囲気を出している言葉を三〇ほど拾い、「妖精用語」として解説を施してみた。

エルフ・ロック（**エルフの髪もつれ**）［**Elf lock**］……朝起きて髪の毛がもつれて塊になっていたら、エルフの仕業である（シェイクスピア『ロミオとジュリエット』一幕四場、マブ女王の叙述参照）。時折、馬の尻尾やたてがみをもつれさせたり、山羊のひげをからませたりする。これとは逆に、果樹園の守護妖精オウド・ゴギーは、動物のもつれた尻尾、ひげ、たてがみなどに金曜日になると櫛を入れると言われる。

ゴッサマー（蜘蛛の巣の織物）［Gossamer］……朝の早い時刻に野原の葉末に、朝露が小さな真珠の玉のように光る繊細な蜘蛛の巣は、妖精たちが夜っぴて作った織物だといわれる。シェイクスピアの『夏の夜の夢』に登場する四人の妖精は、蜘蛛の巣、蛾、からし種、豆の花である。蜘蛛と蛾は人気のない場所を好み、異様な姿からも妖精に深く関わる。人間を懲らしめるときは妖精は蜘蛛の巣の糸でしばり、蜂のような針で刺したりする。

フォイゾン（食物のエッセンス）［Foyson］……「穀物や牛肉の実質の汁またはエッセンスで、妖精はこれを食物とする」と十七世紀のパースシャー・アバーフォイルの牧師ロバート・カークは言っている。オークリアカンの小作人は、牛乳と焼きパンに十字を切るのを忘れたのに気づき牛を殺し投げ捨てたところ、灰のように崩れたという。外見はそのままだったが、妖精に精分を抜き取られていたので犬さえ見向きもしなかった。食物の味が抜け、かさかさになるのもフォイゾンを妖精に取られたのである。

チェンジリング（取り換え子）［Changeling］……妖精は人間の赤ん坊を欲しがり、盗んでその代わりに草束や木の棒を

★ヨハン・ハインリヒ・フュースリー『チェンジリング』

置いていったり、しわくちゃな老人赤ん坊を残していったりする。見破る方法――煮え立つお湯に投げ込む、焼け火箸をつける、珍しい事を見せる。チェンジリングにあった鍛冶屋のおかみが、二〇個の卵の殻で酒造りをするふりをして火のそばに殻を立てたところ、「ほっほーっ、八〇〇年生きてるが、こんなやり方で酒を造るなんて見たことはない！」と言って正体を現した。すかさず火に投げ込むと消え、揺りかごには自分の赤ん坊が返っていた。

ピクシー・レッド、プーク・レドン（ピクシー化かし、プーカに引き回される）［Pixie-led, Pouk-ledden］……ピクシーやプーカはロバや山羊に化け、人を背中に乗せて走り、途中で沼や川に放り出して喜んだり、夜道を行く旅人を一晩中引き回して道を迷わせて楽しんだりする。狐や狸のいたずらに似た「ピクシー化かし」を避けるには、外套を裏がえしに着るとよいといわれる。プーカは焼きリンゴに化けたり、ビールの中に飛びこんだり三本足の椅子に化け、腰掛けようとするとパッと姿を消して尻もちをつかせたりする。

ストレー・ソッド（惑わしの草地）［The Stray Sod］……別名「はぐれっ地」。妖精のまじないがかけられた草原のある一角に人間が足を踏み入れると、道がわからなくなる。そこでは不可思議な力の作用で金しばりにあったような状態で全身の感覚が麻痺したり、幻覚がひきおこされたりする。特定の丘や接ぎ木リンゴ（インプ・ツリー）の下や芝生の上など特に妖精の魔力が強い場所がある。

グラマー（まやかしの術）［Glamour］……スコットランド英語のグラマリー、あるいはグラウメリーの変形。人間の感覚を魅惑状態に陥れる呪術のこと。この術をかけられた人は、かけた者の意のままに物事が見えたりする。例えば、妖精に雇われた産婆が大きな屋敷に連れていかれ赤ん坊をとりあげたとする。そのとき妖精の塗り薬を自分の瞼につけてしまうと、やせこけたギンギラ目の赤ん坊が灯心草（ラッシュ）に寝ているのに気づいたという。この術を破るには再度塗り薬を塗るか、四つ葉のクローバーを頭にのせるとよい。

フェアリー・マーケット、ゴブリン・マーケット（妖精の市）［Fairy market, Goblin market］……サマセットの丘の妖精市に行った男の話では、靴屋、小間物屋、果物屋等たくさんの店が並んでいたが、近づくと消えてしまい、ただ押されたりつつかれたりするのを感じただけだという。通り過ぎ振り返ると再びもとのように見えたが、家に戻った男は足が不自由になってしまった。ある農夫は妖精の市でコップを買い、もらった木の葉のおつりをテーブルに載せておいたら、翌朝には金貨に変わっていたという。

フェアリー・ギフト（妖精の贈り物）［Fairy gift］……「おいらの腰掛け壊れたよ！」と泣く妖精に同情した男が直してやると、ビスケットとワインをご馳走してくれた。きこりの前に現れ弁当をねだるファー・ゴルタは、お礼に木を束ねたり仕事を手伝う。台所で手伝う妖精のために窓辺にコップ一杯のミルクを出して炉端にきれいな水を置く女中には、バケツの底や靴の中に金貨を一枚入れてくれる。だがプーカがくれた金貨は葉っぱに変わることもある。

フェアリー・ボロイング（妖精の借りもの）［Fairy borrowing］……妖精は人間に依存して生きる部分が多く、いろいろなものを借りにくる。麦などの穀物、あるいは道具、木槌や秤（はかり）、水車や火を借りにも来る。人間に貸す場合もあり、頼めば大鍋も貸す。返す期日に遅れると、その鍋は使えなくなる。逆に人間から借りるとお返しもした。例えばサントレイの農家のおかみさんは、いつも貸した鍋いっぱいにスープに使う骨をもらっていた。

フェアリー・ツリー（妖精の木）［Fairy tree］……古い木、香りのよい花、白い花、成分に毒性のないものが好まれる。魔法に関係する三種の木は、オーク（樫、ナラ、クヌギ類）、トネリコ、サンザシである。リンゴ、ハンノキ、スイカズラの白い花、ニワトコ、ナナカマドの赤い実を特に好む。ハシバミの実を食べた鮭は知恵を与え、カバの木に住む白い手の男に触れると発狂するといわれる。柳の木は夜、自分で根を抜き歩きまわる。接ぎ木リンゴの下は妖精の勢力範囲である。

フェアリーライド（妖精の騎馬行）［Fairy rade］……英雄妖精――騎士ロンファールやタム＝リン、アーサー王やフィッツジェラルドなどの眠れる勇士たちは、妖精丘（アーサー王はカドベリーの丘、フィッツジェラルド伯はムラハマスト丘）に眠っているが、一年に一度ハロウィーン（一〇月三一日）の宵に地上に現れ、騎馬を連ね、丘をひと回りするといわれている。白馬に鈴をつけて宙を飛ぶ行列から、妖精にさらわれていたタム＝リンは、恋人ジャネットの愛の力でこの世に引き戻された。

フェアリー・ゴッドマザー（妖精の代母）［Fairy godmother］……赤子の誕生を司り、幸運を授けたり、守護の役目をする妖精たち。『ブルート』（ラヤモン訳、一二〇〇年頃）の中に、誕生したアーサーを祝福し、魔法で力と豊かさと長寿という三つの贈り物を与えるエルフたちが登場し、また民間伝承である『眠りの森の美女』や『いばら姫』などにも、洗礼式に妖精が現れ幸運を授ける。魔法の杖のひと振りでカボチャを馬車に変えるシンデレラの老婆も、この系列に属している。

★ジョゼフ・ノエル・ペイトン『フェアリー・ライド』

フェアリー・ピンチング（妖精のつねり）［Fairy pinching］……妖精は清潔と整理整頓を好むので、なまけ者の主婦や、子供を洗うきれいな水を炉端に置かない女中を、青あざになるほどつねる。身体のどこかに小さな丸い青あざができていたら、妖精が指でつまんだ跡である。妖精のプライバシーを侵害したり、秘密をあばいたりするとつねられるが、時には蜂に刺されたような赤あざになったり、しびれたり、不具の原因になることもある。

フェアリー・クラフト（妖精の手仕事）［Fairy crafts］……妖精は器用で、様々な仕事をしている。人間と同じような職業があると考えられ、特に女の妖精は糸紡ぎ、機織りのほか、粉ひき、パン焼き、バター作りなどもする。ハベトロットは老婆姿の糸紡ぎの守護妖精である。ドワーフやコボルトなどは鍛冶、鉱山仕事、水車回し、乳しぼりもするが、すぐれているのは鍛冶の技術で、魔法の剣や船を作る。妖精にさらわれた少年が鍛冶や冶金の技術を教えられ人間界に戻ってそれを使い成功した。

フェアリー・アニマル（妖精の動物）［Fairy animal］……妖精が好んで飼う家畜には、猫と犬と馬がある。犬は妖精丘の番犬として飼っているが、時折、蛙を使う場合もある。灯心草に呪文をかけて馬に変えることもある。概して飼育する動物の色をあざやかにする。妖精猫は、胸に白いブチのある大きな黒猫。妖精犬は、濃い緑色の毛をした雄牛大の犬で、イングランドの黒犬（黒い毛、燃える真赤な目、子牛大）に似ている。水棲馬、水棲牛は子供を食べるが、肝臓は残す。

フェアリー・セフト（妖精の盗み）［Fairy theft］……妖精がさらってゆくのは赤ん坊、美しい女性（特に金髪）、乳の出る女性、「ボール投げ」（ハーリング）のできる男性など。食料では、穀物、特に麦を盗むが、妖精の塗り薬に目をつけた産婆は、市場でバターを盗む妖精が見えた。セント・ブライアン農場では牛が突然、乳を出さなくなり、乳しぼりの女が四つ葉のクローバーを頭にのせたところ、小さなピクシーが牛に群がり乳をしぼりとって壺に入れているのが見えた。

フェアリー・オイントメント（妖精の塗り薬）［Fairy ointment］……軟膏と油状があり、主成分は四つ葉のクローバー。人間が目に塗ると、呪縛をとく効力がある。人間と妖精の混血児には透視力がなく、塗る必要がある。妖精の男やもめに息子の子守として雇われたゼノア村のチェリーは、毎朝男の子の瞼に塗る薬を自分の瞼にもつけてしまう。するとチェリーには自分の主人が妖精であるのがわかり、彼が他の妖精にキスをしているのが見えてしまう。嫉妬の余り口に出した言葉から、妖精の塗り薬を瞼に塗ったことが主人に判ってしまい、チェリーは解雇される。

フェアリー・ブライド（**妖精の花嫁**）［**Fairy bride**］……伝説や民間伝承物語の中には、妖精が人間の妻になる話がたくさんある。神話には妖精の女王が白い馬で現れ、英雄オシィーンを常若の国に連れていく話や、詩人トマスの物語がある。勇者エドリックは力ずくで森の館で踊っていた妖精の一人を妻にする。タブー（禁制）が課せられるのが常で、エドリックの場合は「不在の理由を尋ねてはいけない」というもので、他には「鉄で触るな」「三度叩くな」等があり、多くの場合、人間は禁を犯し妖精の花嫁は永久に姿を消してしまう。

フェアリー・レヴィテーション（**妖精の飛行**）［**Fairy levitation**］……ブリッグズによれば、伝承されている妖精物語において、妖精たちが翼を使って空を飛ぶということは極めてまれということである。一般にはノボロギクの茎や小枝、草の束などを馬に変えてそれに乗って空を飛ぶ。そのとき呪文を唱える。最も古い例の一つでは、「ホース・アンド・ハトック（馬と帽子）」（オーブリー『雑録集』、一六九六年）という呪文を唱えると、枝や茎が馬に変わり、空中を飛べたという。妖精たちはまた建物、城、教会などを、呪文を使って空中移動させることもある。

フェアリー・ダート（**妖精の矢**）［**Fairy dart**］……先史時代の石の遺跡の前などに、妖精の矢尻が落ちていることがある。秘密をのぞかれたり、噂をされたり不潔なものを妖精の道にまかれたりすると、怒りっぽい妖精はすぐに復讐をする。牛や馬に妖精の矢が射かけられると奇病で死に、人間はカマイタチのように傷口が開いたり、身体中がしびれ、または腫れる。筋違い、不妊、衰弱、正気を失うなどの重いたたりになる場合もある。

フェアリー・リング（**妖精の輪**）［**Fairy ring**］……夜露にぬれた月明かりの草原で、妖精たちが酒盛りをし、不思議な曲に合わせて輪になって踊った跡に草が枯れてできた白い輪は、「妖精の輪」（フェアリー・リング）といわれる。科学的にはキノコの胞子で、一夜のうちに草が酸性になって、円く枯れるのだそうである。妖精の輪に落ち三年踊り続け、両足の指がなくなって帰ってきた男の話もある。輪の中に家が建つ程の大きなものもあり、中の家族は幸運になるとも、反対に妖精にたたられるともいわれる。

ハーリング（妖精のスポーツ）［Huring］……球技の一種。フィールド・ホッケーの原形。ハーリングは、アイルランドの妖精の妖精のレクリエーションの中では最も盛んなもので、その試合模様はダグラス・ハイドの『炉辺にて――アイルランド昔話集』（一八九〇年）に収められた「ポーディン・オケリーとイタチ」で語られている。ここではコナハトの妖精たちとマンスターの妖精たちがハーリングの試合をするのだが、その際、生身の人間の男を付き添いにする必要があり、二人の人間が各々の陣営に連れてこられる。妖精の人間に対する依存を示す良い実例でもある。

フェアリー・ヒル（妖精の丘）［Fairy hills］……アイルランドのトゥアハ・デ・ダナーン神族は、後からやってきたミレー族と戦って敗れ、目に見えぬ種族となり海の彼方と地下に逃れ不老不死の楽園を造った。ゲール語で妖精は「土の塚、丘」という意味のシーという。イギリス、アイルランド各地に残る先史時代の遺跡ラース（円形土砦）、フォート（城砦）、バロー（土塚）、マウンド（土まんじゅう）、トムラス（円丘）、ケアン（石塚）、ドルメン（石舞台）などは妖精の出没する場所といわれ、ボーナ谷にあるトムラスなどは妖精の国の入り口であると今も信じられている。妖精丘は特にシーヘンまたはノウと呼ばれ、スコットランドではノール、アイルランドで

★ケイト・グリーナウェイ『エルフ・リング』

はクノックで、妖精丘の内部はブルーと呼ばれる。アーサー王やフィッツジェラルド伯といった英雄妖精は丘の内部で眠っており、聖ヨハネの日、ミッドサマー前夜の満月の夜には、お供を連れて丘を騎馬行列（フェアリー・ライド）で巡るといわれる。

フェアリー・ミッドワイフ（妖精の産婆）［Fairy midwife］……人間の女が妖精の母親の産婆を務めるために連れ出される物語はいろいろ伝えられている。ある産婆が妖精のお産を手伝い、赤ん坊に軟膏を塗るよう頼まれる。薬の付いた指で目をこすった産婆は、木の洞穴にトンガリ耳の妖精の赤ん坊が見えたが、黙って家に帰った。あるとき産婆は、この禁断の透視力で、市場でバターを盗んでいる妖精が見え声をかけた。「どっちの目で見えた？」と妖精に聞かれ「右」と答えると、ふっと息がかかり産婆の目は潰れた。

フェアリー・スペル（妖精の呪文）［Fairy spell］……妖精の呪文には、妖精自身が唱えるものと、人間が妖精に対して唱えるものとの二種類がある。妖精自身が唱える呪文としては、妖精たちがノボロギクの茎や小枝、草の束などを馬にして空を飛ぶ際の合い言葉「ホース・アンド・ハトック」（馬と帽子）や「ボラーン・ボラーン」（大きくなれ）などがある。一方、人間が妖精を支配する力を身に付けるための呪文が、十七世紀の魔術の写本のいくつかに記載されている。その中には妖精を呼び出すためのもの、宝物が隠されている場所から妖精を退散させるためのもの、妖精の援助と助言を得るためのものなどがある。また妖精が出没するとされる場所をひとりで歩く場合に、身を守るためとして聖なる象徴を身に付けたり、祈ったり賛美歌を歌ったりすることもあった。

ガリトラップ［Gallitraps］……ピクシーは夜に馬を盗み、ぐるぐると輪を描いて乗り回す習慣がある。こうして出来る妖精の輪を「ガリトラップ」と言い、この輪の中に両足を踏み入れた者は必ず捕らわれてしまう。片足を踏み入れただけなら、ピクシーを見てもまだ逃れることができるが、犯罪者はガリトラップに足を踏み入れただけで捕らえられ、絞首刑になるという。

フェアリー・カップ（妖精杯）［The Fairy cup］……妖精界に迷いこんだ、あるいは招かれた人間が、妖精の使う杯あるいは角杯の中身を飲まずに、杯を奪い取って脱出する話は少なくない。十二世紀の年代記作者ニューバラのウィリアムによる妖精杯の物語は、次の通りである。ヨークシャー地方の町に住むある農夫が、隣町の友人を訪ねて夜も更けて帰る途中、町から四〇〇メートル程離れた塚から宴会でも開いているかのような物音が聞こえてきた。塚の側面に戸が開いていたので、不思議に思った農夫が覗いてみると、中では多くの人々が盛大な宴会を開いていた。給仕に酒を勧められた農夫は中身は飲まずに杯だけを奪って帰り、この未知の素材で作られた杯は英国王に献上されたという。

フェアリー・ウォンド（妖精の杖）［Fairy wand］……古代ケルトの人々はオーク（樫またはミズナラ）、サンザシ、トネリコといった樹木には不思議な力が宿っていると信じており、ドルイド僧たちはオークを聖なる木として崇め、オークから魔法の杖を作った。ケルトの神話の中にもドルイドの魔法の杖が登場する。地下の妖精の国の王であるミディールはコノート王の娘エーディンを妻に迎えるが、彼女に嫉妬したミディールの最初の妻ファームナッハは、魔法の杖でエーディンを打ち、彼女を水溜まりに変えてしまう。リールの宮殿の四人の姉弟たちは、継母エヴァのドルイドの魔法の杖で白鳥に姿を変えられ、北の海へ追いやられてしまう。さらにフェアリー・

ゴッドマザー（妖精の代母）の魔法の杖もオークで出来ており、妖精物語の中では呪文と共に杖が触れるとカボチャが馬車になったりする。

フェアリー・レヴェル（妖精の宴）［Fairy Revel］……妖精たちは満月の晩に、丘や塚で宴を開く。美しい妖精の王と女王を中心に妖精の騎士や貴婦人たち、そして大勢の小さな妖精たちが塚の中や丘の上で賑やかに音楽を奏で、歌い、踊り、妖精の食べ物を食べ、酒を飲む。こうして妖精たちが輪になって踊った後にはフェアリー・リングが出来るのだ。近くを通り掛かった人間は時に物珍しさから、時に妙なる楽の音に魅かれ妖精の宴に迷い込むことがあるが、妖精たちはあまり気にはとめないようだ。しかし妖精たちが使っている黄金の杯や皿、妖精王の王座にひきつけられた欲深な老人は、宴の番をしている醜いスプリガンたちに捕まって蜘蛛の糸でグルグル巻きにされ、刺したりつねったりされたという。

トゥース・フェアリー（歯の妖精）［Tooth Fairy］……日本では子供が歯が生え変わるとき、抜けた歯が強い歯に生まれ変わるようにと願い、下の歯は家の屋根の上に、上の歯は縁の下に「鬼の歯と取り換えておくれ」「強い歯になっておくれ」と祈りと共に投げ捨てる習慣がある。イギリスの子供はトゥース・フェアリーの入れものに、抜けた歯を入れておくと金貨に変わると信じている。ベッドの枕の下にいれておくか、小さな可愛い妖精付きトゥース・フェアリー・ボックスにいれておく。すると翌日に、抜けた歯は貨幣に変わっている。これをフェアリー・コインと呼ぶ。いわば親たちのご褒美である。サンタクロースの贈物ほどではないが、子供たちはこうした事を信じている。

Ⅲ章

創造された多彩な妖精像

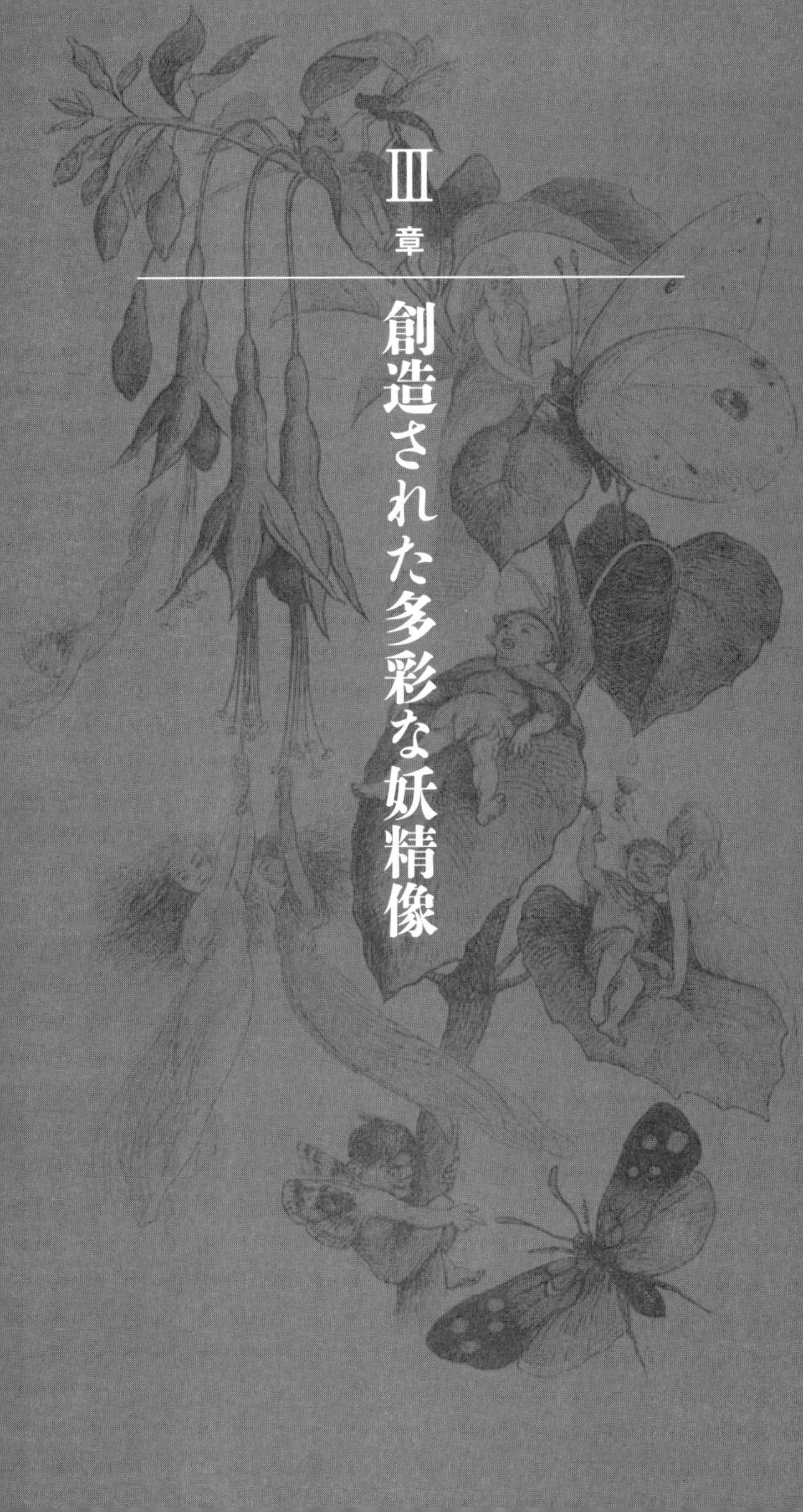

「ファンタジー」〈Fantasy〉は、ギリシア語の〈Phantasia〉から由来し、「目に見えないものを見えるようにする、視覚化すること」を意味している。妖精は、目に見えない存在である。これを人間がいかに表現してきたか、私は前章でその分類を「語られた妖精」「書かれた妖精」「描かれた妖精」「演じられた妖精」「造られた妖精」「感じられた妖精」「未来の妖精」と示した。たとえば民間伝承、神話、伝説、バラッド、古謡などの口承伝説物語（後年の記録、再録を含む）は「語られた妖精」。書き言葉、すなわち筆で文学や詩、劇に表現したものは「書かれた妖精」となる。ここには古文献、純文学や児童文学の表現も含まれる。絵筆で描線と色彩を与え描き出せば、いわば「描かれた妖精」絵画となり、妖精に自ら扮して舞台で演ずれば演劇であり、踊ればバレエになる。妖精に扮し歌い演じればオペラである。これが「演じられた妖精」である。木や石、ブロンズや紙などで造形すれば彫刻や陶器、人形等の「造られた妖精」となる。

★ソフィー・アンダーソン『妖精』

現代のアロマテラピーなど、草花のエッセンスオイルによる芳香療法は「感じられた妖精」としていいだろう。気を静めるヘリオトロープ、気分を爽快にするラベンダー、解熱剤のカモミール、殺菌作用のクラリセージのように、ハーブはさまざまな不思議な効力を持つ。こうした植物の作用は、古来、草花や木の実に宿る妖精の力だと考えられていたからである。妖精に詳しく薬草も調合できる人は「フェアリー・ドクター」と呼ばれており、薬草の知識を授けた人魚の伝説なども残っている。

また「未来の妖精」とは、現代の人工的な映像を指す。たとえばSF映画のキャラクターをイメージしてみてほしい。グレムリンやE.T.、スターウォーズのキャラクターは、現代の視覚化された妖精ではないだろうか。仮想空間に創られた「超自然の生き物」「不可思議な生き物」は、民間伝承の妖精たちと多くの共通点をもっている。

異なるジャンルの文学者や芸術家たちが、各時代にわたって、「妖精」という共通の主題をどのように表現してきたのかを考察することは、一種の主題研究（テマトロジーあるいはシュトッフゲシヒテ）にもなるだろう。

この章ではイギリスの作品を中心に、「語られた」「書かれた」「描かれた」「演じられた」「造られた」という五つのテーマから、妖精像の史的変遷に重点を置き、考察を試みたいと思う。作家や芸術家が目に見えぬ生き物に息を吹き込み、どのように再び生き返らせたか、その想像力の問題と「妖精像の特色」とを見ることによって、イギリスの妖精がなぜ今日までこんなにも豊かに息づいているかの理由もまた理解できるだろう。

1 語られた妖精

口承物語の蒐集

アイルランドの口承物語のほとんどは、U・C・D(ユニバーシティ・カレッジ・ダブリン)の民俗学科の一室に保管されている。これは各地方に昔から伝わる物語を、ゲール語やアイルランド語で記憶し諳(そら)んじている語り手から、蒐集家が一定のノートに記録し、分類、整理したものである。採集巻数は一九七九年の時点で一八八二巻、およそ九〇万ページに及ぶ膨大な量である。これら蒐集された民話は大きく次の四つに分けられる。

(1)シャナヒーと呼ばれる語り手をアルファベット順に分類したもの。その数はおよそ四万人にのぼる。たとえば南西部のブラスケットに住んでいたペイグ・セイヤーズ(一八七三―一九五八年)という老女は約一〇〇〇の話を知っており、語ることができたといわれている。老女はこれらの話を、ピートの赤く燃える炉端を囲んで聞かせてきた。

(2)バリホリーと呼ばれる採集者別分類。イエイツを始め、クロフトン・クローカー、ダグラス・ハイド、ウィリアム・カールトン、など人物別の分類である。

(3)採集した場所を地方、州、郡、に分類し、さらにアイルランドの三二の地域に細分する。

物語と土地の結び付きを重要視する。

（4）項目別分類。名前や起源、容姿、住居、性質など大きく分けて一四の項目（75ページ参照）から分類する。

バン・シーにみる語りの多様性

時代を重ね、所が変わり、人々に語り継がれる口承民話は、当然のことながら話が千変万化していく。たとえば「バン・シー」という妖精の調査をみてみると、一番古い記録は十七世紀の『ファンショー夫人の回想録』にある。ファンショー夫人が親類のオナー・オブライエンの屋敷に滞在していたある日の真夜中、夫人は人の声でハッと目を覚ましカーテンを開けると、そこには「白い服を着た髪の赤い幽霊のような青ざめた顔の女」がいて、耳にしたこともないような声で三度、「馬」（ホース）と言って消えた。夫人は翌朝、オブライエンの死を告げられる。この屋敷では誰かが死にそうになるとこのバン・シーがあらわれる。ずっと昔、主人の子を宿し、裏庭で殺され窓の下の川に投げ込まれた女性の幽霊だといわれている。

その約二〇〇年後、レディ・ワイルド（オスカー・ワイルドの母）が記したものは、若くして死んだ美しい乙女のバン・シーで、美しい声で歌い親族の死を告げる。一方、ブリッグズがスコットランドの高地で記録したバン・シーは、真っ赤に泣きはらした目、鼻の穴が一つ、前歯が出て、乳房がだらりと垂れ下がった醜い容姿をしている。「語られた妖精」の多様性がわかる一例だろう。

2　書かれた妖精

古文献の妖精の記録

中世に書かれた年代記や旅行記のなかには、「妖精」に触れている貴重な記録がある。記述者は僧侶や軍人などの知識人だが、十二、十三世紀に妖精に関する話が、かなり広い層に伝わっていたことが分かる。こうした古文献で重要なものを以下に八つあげ、続いて個々の内容を簡単に紹介しておこう。

（1）『ウェールズ旅行記』（一一九一年）
（2）『中世年代記』（十二―十三世紀頃）
（3）『皇帝に捧げる閑話集』（一二一一年）
（4）『宮廷人愚行録』（一一八二―九二?年）
（5）『魔術の正体』（一五八四年）
（6）『悪魔学』（一五九七年）
（7）『憂鬱病の解剖』（一六二一年）
（8）『エルフ、フォーン、妖精の知られざる国』（一六九一年）

（1）の作者はジラルダス・キャンブレンシス。ペンブルックシャー生まれの助祭長であった。この第一巻八章に、妖精の国や妖精の性質についての記述があり、ラテン語から英訳されたものが、トマス・キートリーの『妖精神話集』（一八二四年）に収められている。それは「エリドルス（エルダー）と黄金の球」という話で、太陽ではない鈍い光に包まれ、夜は暗闇となる妖精の国は「王がいて、人々は小さく、みな金髪が長く肩まで垂れており、グレイハウンド犬位の馬に乗っていた」と書かれている。二人の小人に連れられこの妖精の国を訪れた十二歳の少年エリドルスは、王の黄金の球を盗もうとして追い出され、再び妖精の国を訪れることはできなかった。

（2）はニューバラのウィリアムとコギシャルのラルフによって書かれたもの。なかでも「緑の子供」が発見された話は十二世紀の出来事として有名である。緑の子供とはサフォークのウルフピットから連れてこられた緑色の肌をした姉弟のことで、弟はすぐに死んでしまう。残った姉は最初は豆しか食べられなかったが、人間の食物に慣れてくると肌の色も褪せてきて、次第に人間の言葉で妖精界のことを話すようになった。ケルトでは緑は死の色、豆は死者の食物とされていたので、これは妖精と死者の結びつきを示しているようだ。

（3）作者はティルベリーのゲルヴァシウスという歴史家。この閑話集には不思議な話ばかりが収められ、その中に「ポーチュン」という農耕妖精について書かれた記述がある。日中は農場で人々と一緒に働き、夜になると台所で皿洗いなどを手伝う。そして火の側にやってきて、懐からカエルを取り出し焼いて食べる。顔は皺くちゃで、継ぎはぎだらけのボロをまとい、背丈は大変低い。人間に害は与えないがいたずら好きで、アイルランドのプーカやコーンウォールのピクシーに似ている。ゲルヴァシウスは類別に迷っていたのだろう、一種の悪魔、素姓の分からない生物というように、妖精という言葉は使っていない。

（4）作者のウォルター・マップはヘレフォードシャーの生まれで、リンカンの大法官になった人物である。この書のなかの「向こう見ずのエドリック」の話は、妖精を妻にした話としてはもっとも古いものである。エドリックは妖精の妻から課された「何も尋ねてはいけない」という約束を破り、結果妻は消えてしまう。人間と異界の人との結婚に必ずみられるタブーで、それを守れぬ人間との不幸な結末がここにもあらわれている。

（5）はレジナルド・スコットによるもの。『魔術の正体』はルネッサンスの魔女について書いたものである。シェイクスピアはここに書かれたウィッチ（ウィヤード・シスターズ）からヒントを得て『マクベス』を作った。またブラウニーやロビン・グッドフェローなど、超自然の生き物たちも列挙されており、当時の人々にとって妖精が、すでに信仰の対象でも恐怖の存在でもなくなっていることがうかがえる。また、ブラウニーについての記述は、民間伝承そのままの性質が記述されている。

（6）イングランド王ジェイムズ一世（スコットランド王ジェイムズ六世）は、先の『魔術の正体』に反論を唱え焚書にしており、みずから『悪魔学』を執筆している。王はこのなかで精霊を「レムレス・スペクトラと呼ばれる特定の家や場所に出没する精霊」「特定の人に影のようにつきまとい悩ませる精霊」「人間の体に入り、とりつく精霊」「妖精といわれる精霊」の四つに分類している。また最後の「妖精（フェアリー）」をダイアナと呼び、ローマ神話の月の女神と同一視している。シェイクスピアも妖精の女王ティターニアを月（夜）の女神のイメージと重ねていたように、十六—十七世紀には、妖精とギリシア・ローマ神話のニンフや女神がしばしば混同されていた。一方王は妖精を迷信にすぎないとも、悪の存在とも述べている。ただしブラウニーに関しては縁起のよい幸をもたらす精霊として認めている。

（7）ロバート・バートンはその著書『憂鬱病の解剖』の「妖精逸話」の節で、当時の妖精信仰について、ギリシア、ローマ、バビロニア、イタリア、フランスなど各地に伝わる妖精逸話を博引旁証しながら、かなり包括的に記している。たとえば妖精を、水辺や川辺に住むナイアスや水のニンフ、ダイアナ、ケレースなどの「水魔」と、ラールやサチュロス、森のニンフ、ホブゴブリン、トロールなど「陸魔」に分けているが、ギリシア神話のサチュロスや北欧神話のトロールが同列に分類されていることが分かる。ただしバートン自身は、妖精信仰に対して否定的な清教徒としての立場を示していた。後にジョン・キーツはバートンの「妖精逸話」に触発されて物語詩『レイミア』を書いている。

（8）はロバート・カークの著作。十七世紀当時としては珍しく、妖精の性質、衣食住、人間との関係などが広範囲にわたって書かれている。カークは妖精を「天使と人間の中間の性質を持つ」ものとし、妖精信仰とキリスト教は矛盾するものではないとしている。妖精は、雲を凝縮したような「アストラル（幽体）」からできていて、とりわけ黄昏時に人の目に触れる。ただし見えるのはセコンド・サイト（第二の視力）をもつ人や、透視力のある人（シーアー）——など具体的な事象を多彩に織り込んでいるし、妖精は食物のエッセンス（フォイゾン）を食べるなど現代の研究にも大きな影響を残している。

中世ロマンスの妖精

十二、十三世紀にかけて、イギリスでは吟遊詩人がリュートやハープに合わせて歌い語る「ブルトン・レイ」と呼ばれる韻文ロマンスが流行した。ブルトンとはケルト系の一種族で、現在のブルターニュ（フランス北西部）地域に住んでいた。この地で語り継がれてきた古代からのロマンスは二十確認されており、十二世紀後半フランスの女流詩人マリ・ド・フランスがそのうち十二本を北部フランス語に書き記した。さらにそれがイギリスに伝わって様々な粉飾を施され、広く愛唱されていったのである。歌われた主題は、英雄たちの恋愛や冒険や戦い（広い意味でのロマンス）、その地方に伝わる伝説などが多く、意外な結末で終わるという面白みもある。

ブルトン・レイには妖精王や妖精女王が登場し、妖精の国の宮殿のさまざまな描写もみることができるが、それらは中世の貴族の世界と重なっているため、多くは宮廷風恋愛（コートリー・ラブ）の形をとっている。またアーサー王伝説やケルト神話とのつながりも深く、民間伝承のバラッドの影響もみられる。

たとえば『サー・オルフェオ』（一三二〇年頃）は、オルフェオ王が妖精王にさらわれた妻を取り戻す話だが、ギリシア神話の「オルフェウスとエウリディケ」をもとに、ケルト神話の「蝶になったエーディン」などが影響を与えていることが分かる。

『ギンガモール物語』は三日という約束で訪れた妖精の国で楽しく過ごし、戻ってみると三〇〇年たっていたという物語。ケルト神話のオシーンのモチーフがみられる。妖精王が小鳥に変身して恋人を訪ねその夫に刺されてしまい、王の血の跡を辿って恋人が妖精国を訪れる話『ヨネック物語』にも、ギリシア、ケルトの神話の影響がみられる。

そのほかの主な中世ロマンスには、妖精の騎士と戦い囚われていた騎士を救う『ウォーリックのガイ』や、幼い頃妖精の国に連れ去られた妖精の騎士を人間界に連れ戻す『タム・リン』、妖精の国に連れ去られ、一度は人間界に戻されるが再び妖精の国から迎えがくる『詩人トマス』などがある。ウォルター・スコットが、『スコットランドの吟遊詩人集』(一八〇二―三年)にまとめている。

十二世紀後半、マリ・ド・フランスによって書かれたものを、十五世紀初頭にチェスターのトマスが英訳したといわれる『サー・ローンファル』は、アーサー王伝説をもとにしたロマンスである。ローンファル卿はアーサー王の騎士の一人で、美しい妖精の女王トリアムールと愛し合うが、「二人の愛の秘密を他人にもらさないこと」というタブーを破ってしまったため彼女に去られ、しかも投獄されてしまう。最後はトリアムールに助け出され妖精の島へ共に去っていく話だ。『サー・ガウェインと緑の騎士』は、ある日アーサー王の宮廷にやってきた緑ずくめの騎士から、「首切りゲーム」の挑戦を受けた騎士ガウェインが冒険の旅に出る物語である。ちなみにこの「首切りゲーム」は、ケルト神話の英雄ク・ホリンを主題とする『トイン・ボー・クールニャ』(「クーリーの牛争い」)をモチーフとしている。『チャイルド・ローランド』の主人公もまた、アーサー王の息子という設定で、妹をエルフランドの王にさらわれ、魔法使いマーリンからの剣によって救いだす物語である。

★オーブリー・ビアズリー『アーサーと魔法のマント』／トーマス・マロリー『アーサー王の死』より

アーサー王伝説と妖精

以上みてきたように、中世ロマンスには、楽園としての妖精の国が頻繁に登場する。そして妖精の国で暮らす英雄たちには永遠の命が与えられる――これは英雄は不死であるという象徴的な

★フランク・クーパー『眠るランスロットを見つけた湖の精たち』

表現であるように思える。なかでもアーサー王は、その典型というべき存在だろう。

多くの謎を残しているアーサー王の伝説はイギリス、フランス、ドイツ各国に幾世紀にもわたって語り継がれてきた。アーサー王の最初にして唯一の史的記述は、八〇〇年頃にネンニウスというウェールズの修道僧が書いた『ブリテン人の歴史』にある「ブリトン諸王と力を合わせて戦ったアーサーという名の戦闘指揮官がいた」というものだけである。時が経ち、一一三六年のモンマスのジェフリーによる『ブリテン王列伝』には、アーサー王の生涯が簡潔に記されている。一一五五年にはノルマンの詩人ヴァースがこれをフランス語の韻文に訳し、さらに一二〇〇年頃には再びイギリスの詩人ラヤモンによって英訳され『ブルート』となってイギリスに帰ってくる。この過程でアーサー王伝説はますます神秘性を高め、妖精をはじめ超自然の生き物が英雄とともに生きる、独特の物語世界がつくりあげられていった。たとえばアーサー王の最期をみても、ジェフリーの『ブリテン王列伝』では「アーサー王は傷を癒すためアヴァロンの島へ去った」とあるだけだが、ラヤモンの版ではエルフがアヴァロンの島に連れていったことになっている。さらに後のトマス・マロリーによる『アーサー王の死』では、モルガン・ル・フェやニミュエなど湖の妖精たちが、傷ついたアーサー王を小船でアヴァロンの島まで運んでいくことになっている。

この超自然の物語世界の中心的存在といえるのが、魔法使いマーリンやアーサーの王の異父姉（いふし）のモルガン・ル・フェや湖の妖精、ダーム・デュ・ラックのニミュエだ。ドルイド僧のイメージと大きく重なるマーリンはさまざまなものに変身ができ、魔術を操って大軍を出現させ敵を恐れさせたり、アーサー王の一騎打ちの相手を眠らせて勝利に導いたりする。アーサー王の円卓や不破の盾や鎧、キャメロットの城を建てたのもマーリンだという説もある。

また、以下にイギリスの妖精の重要な位置を占める、アーサー王伝説の湖の妖精たちの簡単なプロフィールを紹介しておこう。

〈ダーム・デュ・ラック〉 湖の貴婦人。湖の精。騎士を護る役目を持つ。ランスロットを一人前に育て、二度も彼を狂気から救う。またアーサー王に魔剣エクスキャリバーを授ける。魔法使いマーリンによれば、彼女はさまざまな資質に恵まれ、美しく、魔術にも長け、性質も温和であり、天国に近いところで生まれたという。

〈モルガン・ル・フェ〉 魔法に巧みな湖の精。中世ロマンスでは、アーサー王の異父姉で、自分の恋人を王にしたいため、保身の魔力のあるエクスキャリバーやその鞘(さや)をアーサー王から盗んだりして邪魔をするが、瀕死の重傷を負ったアーサー王を、ニミュエやノースガリスの女王などと共に、アヴァロンに連れていく。魔法使いマーリンの言葉には、火と情熱の子であり、孤児の敵であり騎士も滅ぼすとある。アーサー王や騎士たちに試練や災難を与える悪い側の役割を持つ。

〈ニミュエ〉 ニニアン、ヴィヴィアン、トマス・マロリーのアーサー王伝説ではニミュエと呼ばれている。湖の乙女で目も覚めるほど美しく、弓矢を持った女狩人の姿(月の女神ダイアナ)で

★フレデリック・サンディス『モルガン・ル・フェイ』

馬に乗り、白い牡鹿を追って王宮に現れ、広間に入ってきたニミュエに魔法使いマーリンは魅了されてしまう（性的誘惑者）。請われてマーリンは魔術を教えたが、この魔法を使ってニミュエは年寄りのマーリンを空中の楼閣に閉じ込めてしまう。別の話では、マーリンは岩の下に封じ込められたが、それはブルターニュのブロセリアンドの森の岩ともいわれ、現存している。

シェイクスピアの妖精

十六、十七世紀のエリザベス時代のイギリスは、妖精の黄金時代でもあった。安定した政治、経済、宗教状況のもとイギリス国民の想像力は精力的、逸楽的といえるほど花開いていく。ロンドンに生まれケンブリッジで学んだエドモンド・スペンサー（一五五二？—九九年）の『妖精の女王』（一五九〇—九六年）は、この時代の代表的な妖精物語である。しかし妖精女王はエリザベス女王でありアーサー王の騎士が登場する寓意に満ちたもので、中世ロマンスへの固執がいまだ色濃く残っている。その意味で時代の象徴というべき人物はやはり、生き生きとした自由な発想で独自の妖精像を創ったシェイクスピア（一五六四—一八一六年）だといえるだろう。

シェイクスピアはストラトフォードの田舎からロンドンにやってきた。幼い頃は冬の夜話、寝物語に故郷のおとぎ話を聞いて育ったという。彼は作品の中で、民間伝承の中の妖精、中世ロマンスの妖精女王、ギリシア・ローマ神話の精霊や神々を一つのるつぼの中に溶け合わせ、斬新な妖精像を生み出している。生来の類いまれな想像力と演劇本能が原動力となり誕生した妖精は、これまでの醜く恐ろしい妖精のイメージを一新した。現代にも通じる「美しく、可愛らし

シェイクスピアの戯曲に現れる妖精たち

（シェイクスピアの全戯曲から、妖精が登場するものを一覧にした）

戯曲名	創作年代	妖精たちとその用語
『間違いの喜劇』 （The Comedy of Errors）	1592-93	フェアリーランド　ゴブリン　スプライト フェアリー　エルフ　妖精の抓り（つめり）（Pinching）
『ロメオとジュリエット』 （The Tragedy of Romeo and Juliet）	1594 -95	マブ女王（Queen Mab）　フェアリーズ　エルフ
『夏の夜の夢』 （A Midsummer Night's Dream）	1595-96	オーベロン（妖精王）　ティターニア（妖精女王） パック（ロビン・グッドフェロー、ロビン） ゴブリン　ホブゴブリン 女王に従う四妖精（豆の花 蜘蛛の巣 蛾 芥子種） フェアリー　フェアリーズ　エルフ　エルヴズ スピリット　スプライト フェアリーランド　フェアリーキングダム キング・オブ・フェアリーズ　フェアリー・キング クイーン・オブ・フェアリーズ フェアリー・クイーン　取り換え児（Changeling）
『ヘンリー四世』 （The First Part of Henry The Fourth）	1597-98	夜さまよう妖精（Wanderer of the night） フェアリー　取り換え児（Changeling）
『ウィンザーの陽気な女房たち』 （The Merry Wives Of Windsor）	1600-01	フェアリー・クイーン（妖精女王） ホブゴブリン　フェアリー　エルヴズ 狩人ハーン　妖精の抓り（Pinching）
『リア王』 （The Tragedy of King Lear）	1605-06	フリバティジベット（Flibbertigibbet） エルフ王
『マクベス』 （The Tragedy of Macbeth）	1605-06	三人の妖婆（ヘケト（Hecat））
『シンベリーン』 （The Tragedy of Cymbeline）	1609-10	妖精（フェアリーズ） 夜の誘惑者（Temper of the night）
『冬の夜ばなし』 （The Winter's Tale）	1610-11	妖精に授かった富　フェアリーズ 取り換え児（Changeling）　妖精の金貨
『テンペスト』 （The Tempest）	1611-12	エアリエル（Ariel）　ニンフ　エルフ　スピリット

※下線＿＿：シェイクスピア時代の妖精の固有名詞
※点線……：シェイクスピアの妖精

く、小さい」などの妖精のイメージは、シェイクスピアの功績によるといってもよいだろう。またこれは、シェイクスピアの劇場が貴族というよりむしろ、庶民に支えられていたということにも関係があるだろう。庶民の批評眼が、シェイクスピアの妖精たちの容姿、性格に投影されている、と考えられるからだ。

ではシェイクスピアは、具体的にどのような妖精をつくりだしたのだろうか。『夏の夜の夢』『テンペスト』『ロミオとジュリエット』など、三十六戯曲の内九つの戯曲に登場する妖精たちを中心に、シェイクスピアの妖精像の特色を探っていきたい。

妖精が競演する『夏の夜の夢』

人間の恋人たちのいさかいに妖精たちがかかわり、「恋ははかないすぐ変わるもの」と夢幻的喜劇を舞台で見せてくれるのが『夏の夜の夢』である。時は六月二十四日の「ミッドサマー・デイ」(夏至の日)。昼が長く、この日は地母神の祭の日と重なり、晩になると妖精たちが森や湖のほとりや丘に現れて饗宴を張るという言い伝えがある(五月祭の前夜との説あり)。この日はメイポールを飾り樹木の成長と豊穣を祈る祭の日で、自然の精霊である妖精とも関係の深い日なのである。そんなある夏の夜、現実と夢が入り混じる森の中を舞台に、オーベロン、ティターニア、パックといった妖精たちが騒動を繰り広げる。

重要なのは、先にあげた三人のフェアリーが皆、出生は中世ロマンス、ローマの物語、昔話からとバラバラなのだが、喜劇性の強い性質を持つということかもしれない。なぜならこの特徴がのちのイギリスの妖精の性質を決めるのに少なからざる影響を与えているからである。

中世ロマンスから生まれた妖精王オーベロン

オーベロンは妖精国の主で森の支配者である。魔術師の使魔にこの名が使われるなど、その名はルネッサンスの初期にすでに一般的であった。妖精の王としてのオーベロンが登場するのは十五世紀のロマンス『ユオン・ド・ボルドー』においてである。この物語の中でオーベロンは「小さな蛮王」とあだ名されている。バーナーズ卿によって英訳されたこのロマンスは、当時多くの詩人たちに読まれ、先述のスペンサーも『妖精の女王』の中にオーベロンを登場させている。訳者と知り合いだったシェイクスピアもこれを読んでいたことは定説となっている。この中でオーベロンは「背丈は三フィートしかなく、肩はまがって」ずんぐりして不格好だが、天使のような美しい顔をした森の王とある。ところでこうした容姿はチュートン系のエルフの特徴と一致していて、チュートンの伝説『ニーベルンゲンの歌』に出てくる「アルベリヒ」(Alb＝エルフ、rich＝王)がその原形であるといわれている。

シェイクスピアはこうしたオーベロンの伝説をそのままの形では取り入れなかった。オーベロンはインドの崖のある山から結婚祝賀に来たのである。彼が作り出したオーベロンの性質でとくに目立つものは、怒りっぽさだろう。インドから連れてきた可愛い取り換え子(チェンジリング)を小姓にくれとオーベロンは言い、月夜に女王と出会う度に口喧嘩をし、挙げ句の果てに仕返しを企て、従者パックに命じて彼女の目にキューピッドの矢に射させたパンジーの赤い「ほれ薬」を塗らせたりする。怒りっぽさは嫉妬と結び付き「やっかみやさん」と呼ばれたり、「恐ろしく機嫌が悪く気が短い」といわれたりする。オーベロンは自在に魔術を使うが決して全知全能の神のようではなく、身勝手でわがままないかにも人間らしい性質を拡大し戯画化したような妖精として描かれている。そしてこうした工夫が、観客である当時の庶民と舞台上の妖精たちを結びつける橋となっていると思われる。

月の女神と妖精女王ティターニア

ローマの詩人オヴィディウス・ナソ（四三B.C.～一八A.D.）は『転身物語』（十四巻）のなかで、ウラノス（天）とガイア（地）の間に生まれた巨人族タイタンの娘となっており、太陽神ソルの妹である月の女神ダイアナとなっている。これを基にシェイクスピアは「ティターニア」（タイタンの娘）という名を妖精女王に与えた。『夏の夜の夢』のオーベロンの妃、妖精女王ティターニアのルーツは、このローマ神話の世界にある。ジェームズ一世の『悪魔学』やスペンサーの『妖精の女王』の中でもダイアナは妖精の女王と重ねられている。当時「妖精の女王」を「月の女神」と結びつけることは一般的だったようである。ここに看守の春の花の女神プロセルピナの映像が重なるのである。また、そう考えるとオーベロンも『転身物語』に出てくる「闇の王」プルートーに似ているところがある。シェイクスピアは「夜」の国の王と女王というイメージを、この二人に投影したのかもしれない。

ただし、月の女神ダイアナはもともと純潔の処女神の象徴だが、シェイクスピアの戯曲の中で

★ジョセフ・ノエル・ペイトン『オーベロンとティターニアの仲違い』

★ジョセフ・ノエル・ペイトン『オーベロンとティターニアの仲直り』

★ジョン・シモンズ『ティターニア』

★リチャード・ダッド『オーベロンとティターニアの仲違い』

は、夫オーベロンから「高慢ちき」といわれることもある強情で活発な「奥さん」風情を漂わせている。やはりとても人間的な一面をもつわけである。

民間伝承の家事好き妖精パック

神話や中世ロマンスから生まれたように、妖精王オーベロンと妖精女王ティターニアが、宮廷風のイメージを受け継いでいるのに対し、王の従者パックは、その性質の多くが民間伝承に由来している。ウォーリックシャーでシェイクスピアが幼い頃に聞いた昔話が入っているのだろう。

シェイクスピアはパックを「ロブ・オブ・スピリッツ」「ゴブリン」「ホブゴブリン」「ロビン・グッドフェロー」とも呼ばせている。おそらく民間伝承、当時はやりの唄や中世の典型的な妖精の数々の属性を昔話に混ぜ合わせて「い

★『ロビン・グッドフェロー、その気違いじみたいたずらと陽気なうかれ騒ぎ』表紙より

たずら好きの陽気なパック」をつくりあげたのだろう。その性質は「家事好き妖精（ドメスティック・フェアリー）」プーカやブラウニーともよく似ている。実際、アイルランド出身のリュート弾きからアイルランドのプーカの話を聞いたとか、ウェールズを訪ねたときその地の民間伝承を知って、物語のヒントにしたという説もある。

余談になるが、パック自身は劇中「ロビン・グッドフェロー」とか「スウィート・パック」と呼ばれることを好んでいる。ロビン・グッドフェローは当時流行っていた冒険物語の主人公で、そう呼ばれて嬉しがるパックはなんとも可愛らしい。同じく、当時流行していた小冊子に『煉獄からのタールトンのニュース——彼の古き仲間、ロビン・グッドフェローの手になる刊行』（一五九〇年）というものもある。この中にある「夜、姿を現すこと」「陽気にいたずらをすること」「人間の家事を手伝うこと」「野原で輪踊りをすること」「悪い女中に罰を与えること」「つねること」といった妖精の性質（厳密にはロビン・グッドフェローとホブゴブリンやローマの精霊との混同が見られるが）もまた、シェイクスピアに大きな影響を与えていたようだ。「ほうき」を担いで現れるのは、女中の守護妖精（ガーディアン・フェアリー）、家事好き妖精（ドメスティック・フェアリー）としての象徴のようである。

『テンペスト』の使魔エアリエル

『テンペスト』は超自然の生きものが登場する劇である。ただしエアリエルはシェイクスピアから妖精（フェアリー）ではなく精霊（スピリット）と呼ばれている。魔法使いプロスペローの仕事をする使魔（ファミリエール）である。浪漫劇に近い内容のため、超自然の生きものの性質にもその影響が表れている。

生まれつきか細く繊細な精霊であるスピリットのエアリエルは、魔女シコラックスに従わず、松の幹の中に十二年間閉じ込められていた。そのエアリエルを、本来ならばナポリの王であったはずの魔法使いプロスペローが救い出す。そしてエアリエルは、魔法の杖で呼び出され命令を忠実に遂行するプロスペローのファミリエール（使魔）になる。この物語での精霊は、魔術師プロスペローに従い、自由勝手な行動が取れない。いってみれば「召使」のような存在なのだ。エアリエルやキャリバンがそうである。

このように魔法使いや魔法の鍵をもっている人間に従属する魔物の話は『アラジンと魔法のランプ』のランプの精や、『ファウスト』のメフィストフェレスなど意外に多いが、それが超自然的な存在であるのは珍しい。実際同じ話を原本としているといわれるドイツ人ヤーコブ・アイラー脚本の『美（うる）わしのジデア』のなかでも妖術師ルードルフに使われる魔物の名前はルシファ（悪魔）である。それを「優美な」スピリットに仕立て上げたのは、シェイクスピアの独創だといえるだろう。

エアリエルは「空気にほかならぬお前」とか「薄い空気に溶けていった精霊」などとプロスペ

★エドモンド・デュラック『嵐』より

ローに呼ばれているように、空気の精霊としての性格が強くある。このエアリエルとは対照的に「地と水」に縁のある珍獣キャリバンも登場させているので、おそらくシェイクスピアはパラケルススの分類による四大精霊（地・水・火・風）の影響も受けているのだろう。

あまりに多くの要素から構成される性格をもつエアリエルのことをシェイクスピアはSpiritと呼びFairyは使っていない。この戯曲を機にイギリスの人々は「非常に変わった種類」として、幅広くこの新しい超自然の存在を認めている。

夢魔マブ女王と十七世紀の極小妖精

『ロミオとジュリエット』のマキューシオの台詞に「さて君は一夜をマブの女王と過ごしたようだな、あいつは妖精の産婆だ」という一節がある。「妖精の産婆」とは「人間の夢を引き出す、人間に夢を見させる」の意で、それをマブ女王という妖精の女王に重ねているのである。眠っている人の上に乗って悪夢を見させる夢魔（インキュバス、女はサッキュバス）とも同じと見られる。続く台詞の中でマキューシオは、マブ女王がハシバミの殻の馬車に乗った芥子粒ほどの姿で「恋人たちの頭を通れば恋の夢、宮廷人の膝を通れば敬礼の夢、弁護士の指を通れば謝礼の夢……」を見ると述べている。夢を見るのはマブ女王の仕業なのだ。

　ところで、先にマブ女王の容姿を「芥子粒ほど」の大きさだと述べた。実は「小さな小さな」妖精が当たり前のように思われているのも、シェイクスピアのつくりだした妖精のイメージに負うところが大きい。十七世紀の詩人たちが描いた極小妖精の世界は、直接その影響を受けているといえるだろう。フロリス・ドラットルは一六五〇年でフェアリー詩はなくなると言っている。たとえばマイケル・ドレイトン（一五六三―一六三一年）は『ニンフィディア』（一六二七年）で極小妖精国のマブ女王と妖精騎士ピグウィギンとオーベロン王の恋愛物語を描いた。これはアーサー王と妃グウィネヴィア、アーサー王の物語に登場する騎士ランスロットのパロディである。他には『ヘスペリディース』（一六四八年）のロバート・ヘリック（一五九一―一六七四年）や『ブリタニア田園詩（パストラル）』のウィリアム・ブラウン（一五九一―一六四三年）などの作家がいるが、細密な合理的描写が逆に妖精の不可思議さを減じているともいえる。

　しかし一方で『失楽園』の詩人として知られるジョン・ミルトン（一六〇八―七四年）が『ラレグロ』『コーマス』といった仮面劇（マスク）の中で、ホートン村に伝わる伝承を基に妖精の世界を描き出している。マブ女王やロビン・グッドフェローの他にミルトンが特別に創り上げたのが、ゴブリンの一種「ラバー・フィーンド」である。

十九世紀浪漫派詩人たちと妖精

十八世紀のイギリスは産業が盛んになり、科学合理主義の考えに支配されていた。同時に、清教徒の宗教的規則も厳しくなり、文学においても形式の明確さが重んじられるようになっていった。その反動として、十九世紀に入る頃から「浪漫主義」と呼ばれる気運が起こり、詩人や作家たちは、合理主義の精神の中で否定される存在であった超自然の生き物である「妖精」たちを、浪漫主義の象徴として、再びよみがえらせる。

たとえば『妖精』という詩を残しているウィリアム・ブレイク（一七五七―一八二七）は、一八〇〇年にサセックスの郊外で実際に妖精の葬式の行列を見たとある婦人への手紙に残している。それは「キリギリスくらいの大きさで、それと似た草色と灰色の生き物たちの行列が、バラの花びらの上に女王の死骸をのせて運んでいるというものでした。一行は歌いながら死骸を埋めると姿を消してしまいました。あとで思うとあれは妖精の葬式だった」のだと言っている。蝶のように飛ぶ妖精を帽子で捕えた詩を書き、画家でもあったブレイクはミルトンのラバー・フィーンドを基にした「ゴブリン」などの絵も残している。

S・T・コールリッジ（一七七二―一八三四年）の代表作である『老水夫行』（一七九八年）も、友人の画家クルックシャンクがみた「人影が見える骸骨船」の不思議な夢をもとにしてつくられた、南極の精霊に操られる老水夫の物語詩である。彼はまた、自分の故郷デボンシャーの古伝承をもとに『ピクシーの歌』を残している。

天逝の浪漫派詩人

スペンサーを「妖精詩人」と呼び敬愛していた詩人ジョン・キーツ（一七九五―一八二一

★ウィリアム・ブレイク『ゴブリン』

★ウィリアム・ブレイク『オーベトン、ティターニア、パックと踊る妖精たち』

年）は、二五歳の若さで療養中のローマで世を去っている。彼の作品の『情け知らぬ美しい人』（一八一九年）は、魔性の恋人に魅せられた騎士が「湖に茂った菅もみな枯れ果て、鳥の声も聞こえぬ」丘をさまよう、中世ロマンスの世界を再現したバラッドである。魔性の恋人は詩の中で「妖精の子」と呼ばれ、「髪は長く、足は軽やかで、眼は野性的」な美しい女性になっている。「妖精の歌」を歌い、「妖精の洞窟」に騎士を連れていき誘惑するが、突然夢のごとく消え去ってしまう。キーツにとって妖精は「想像」と「愛」の源であったのだろう。ブリッグズは「浪漫派詩人のなかでキーツがもっとも妖精に近いところにいた」と述べている。キーツはまた、蛇身の美女の誘惑者レイミアが登場する詩も残しており、イソベル・リリアン・グロウグ（一八六五―一九一七年）は、この『レイミア』を題材にした絵を描いている。イタリアのリボルノからレリチに向けて出航したヨットの事故で永遠に帰らぬ人となったP・B・シェリー（一七九二―一八二二年）は、ローマのイギリス人墓地にキーツと並んで眠っている。その墓石には「からだはどこにも朽ち果てず、海の力で変えられて、不思議な宝となっている」という言葉が刻まれている。これは生前シェリーが愛唱していたシェイクスピアの『テンペスト』のエアリエルの歌の一節である。またマシュー・アーノルドは、彼を「エアリエルのように美しいが役に立たぬ天使」と呼んでいた。

妖精が登場するシェリーの代表的な詩は、二〇歳の若さで書いた長編詩『マブ女王』（一八一三年）である。これは寓意詩あるいは教訓詩の趣で、マブ女王にはあまり精霊のような動きは見られない。マブ女王は少女アイアンシーの魂を車に乗せ、中空から世界の過去の歴史、社会、政治、経済、科学、宗教を見せ、その害悪を暴き、未来の理想世界を教える。「呪文の女王」と呼ばせているように、精霊というよりむしろ、この世と死の世界の空間、過去・現在・未来の時間を支配する存在である。イエイツはこれを、ケルトの妖精「シー」と同種のもので、ドルイドの生命観に通じるものと指摘している。シェリーもまた、妖精の国という理想の異郷の国を探して

★イゾベル・リリアン・グロウグ『誘惑者の接吻』

★チャールズ・ロビンソン画、P.B.シェリー作『眠り草』

いたのだろうか。

シェリーは死の二年前に書いた詩『眠り草』に、後年の画家チャールズ・ロビンソン（一八七〇—一九三七年）が彩色図版一八葉を寄せ、豪華な装幀の本にしている。美しい花々が咲き誇る庭園にぽつんと立っている眠り草に気をかけてくれる愛の精霊や、夜の精霊などが描かれている。シェリーのはかなくも美しい詩の世界を象徴するような趣がある。

ウォルター・スコットのバラッド蒐集

詩人であり、『湖上の美人』『アイヴァンホー』『ケニルワースの城』『ロブ・ロイ』などの歴史小説家としても知られるウォルター・スコット（一七七一—一八三二年）は、創作の筆を執る前に、スコットランド国境地方に伝わるバラッドや昔話、伝説などを蒐集し分類した『スコットランド国境地方の吟唱詩歌集』（一八〇二—〇三年）を発表している。また死の二年前には『悪魔学と魔術に関する書簡集』を刊行するなど、民俗学者としても大きな業績を残している。

蒐集されたバラッドは「歴史的バラッド」「浪漫的バラッド」「現代物語詩」三巻に分けられ、『バラッド集』（一八〇二～三年）はよく知られている。『ロビン・フッド』『詩人トマス』や『人魚』『水棲馬』などの話が多数収められている。

なかでも「浪漫的バラッド」の『タム・リンの物語』につけられた「民間信仰における妖精」という注釈は、妖精学上初めての貴重で画期的な記録であり、後のイエイツやダグラス・ハイド、また現代の研究者にとっても研究の基礎となっている。

イエイツとアイルランド文芸復興運動

十九世紀末のアイルランドでは、若者を中心にイギリスから離れ独立を目指す政治運動が盛んになっていた。イギリスの物質主義文明の圧迫から逃れ、アイルランド古来の国語を復活させ、独自の文化を創造したいという気運が芽生え、多くの優れた文学者を生み出していく。これが文学史上「アイルランド文芸復興」と呼ばれる運動である。そしてこの風潮の中にいた中心的人物がアイルランドのウィリアム・バトラー・イエイツ（一八六五—一九三九年）である。

イエイツはアイルランド各地方で連綿と語り継がれてきた神話、伝説、民話こそ新しい文学の母体になるものであり、詩的創造力になると確信していた。そして彼の出発点ともいえるのが、一八八八年に刊行された『アイルランド農民の妖精物語』（一八八八年、井村訳『ケルト妖精物語』『ケルト幻想物語』）という編纂書である。ここには妖精や人魚、プーカ、バン・シーなどアイルランド特有の超自然の生き物や、透視力を持つ妖精学者、魔女、巨人、幽霊などと人間のさまざまなかかわり合いの物語が描かれている。これらは戯曲でも演じられ古代の英雄と共に活躍し、劇場の舞台から民衆の間に広がっていった。

初代アイルランド大統領を務めた作家ダグラス・ハイドもまた、この運動の渦中にいた重要な人物である。彼はロスコモンやゴールウェイなどのゲール語話者の言葉をひとつひとつ書き留め、ついには『ムナハとマナハ』のようなゲール語民話の正確な英語訳本を残している。ほかにもレディ・グレゴリーやレディ・ワイルド(オスカー・ワイルドの母)、ダンセイニ、エー・イー(A・E)・シングなど、この運動から多くの優れたケルト文学者が輩出されている。いずれもケルト研究ならびに妖精学上、貴重な作品ばかりである。

児童文学の妖精像

児童文学もまた、ファンタジーの宝庫だが、十九世紀まで、子供の文学を専門とする作家はいなかった。ここからは主にイギリスのヴィクトリア時代に妖精について書かれた物語のその特徴、変遷を探っていく。小説家ディケンズ、テキスタイルデザイナーのウィリアム・モリスなどが児童文学を手がけている。

初期の代表作といえるのは、美術評論家のジョン・ラスキン(一八一九―一九〇〇年)唯一の児童文学『黄金の河の王様』(一八五一年)だろう。この初版にリチャード・ドイルが寄せた挿絵の中には、長い髭をたくわえた小人姿の王様がマントを着て長い三角帽子をかぶっている様子が描かれている。この帽子をクルクル回すと水が飛び散る。これが王様の証明である。黄金の河は、ドイツの黒の森に近いスチリア地方の宝の谷にかかる滝を指し、この滝は夕暮れ時に黄金に輝く。王様は、この黄金の河の精で、また風の精でもあった。物語はある冬の寒い日、人間のグルックという心の優しい男が、雨に濡れた奇妙な小さな男をあわれんで、家に招き入れたことに始まる。しかしグルックの二人の意地悪の兄が、マントの小男を追い出してしまう。翌日この奇妙な男は再びやってきて名刺を置いていく。そこには「西南の風」と書かれていた。兄弟の住む村が旱魃(かんばつ)にみまわれる。二人の兄は隣村にいって鍛冶屋になるが、グルックには、鋭い目をした男の赤ら顔が描かれた、黄金のマグカップたったひとつだけが残される。ついに食べるものも底を突き、グルックはこのカップを溶かそうとする。すると奇妙な声がして、溶けた黄金の中からあの時の小人が飛び出した。小人は黄金の河の王様だったのだ。王様は、村の旱魃を救いたいなら、水源に行き、聖水を三滴注げといった。ただし清い心のものがおこなえば河は黄金になるが、不浄の水を入れるものは、黒い石になってしまうという。まず、意地悪な二人の兄が水源に向かった。しかし途中で喉が渇き聖水を飲んでしまう。しかも老人や子供、子犬など、小さくて弱い者には分けてやらなかった。結果、二人は黒い石になってしまう。代わりに、心の優しいグルックがこの仕事を果たし、村を旱魃から救うのである。

この作品には『グリム童話』の影響もみられる。たとえば舞台もドイツ、登場人物の名前もドイツ名である。また黄金の河の王が小人の老人で、水に浮くという特徴は、チュートン系の典型的なドワーフの属性を帯びているといえる。ドワーフはレプラホーンと同じ類いのダーク・エルフで、やはり長い髭をたくわえ、老人の姿をした醜い容貌の小人である。

妖精市場と妖精の国

クリスティナ・ロセッティ（一八三〇—九四年）の物語詩『ゴブリン・マーケット』（一八六三年）は、児童文学ではないが、多くの画家を刺激した作品である。妖精ゴブリンの売る果物の甘美な味を知ってしまった少女ローラが「もう一度食べたい」という誘惑に負け、ゴブリンの住む谷に再び向かうが、今度は果物を売ってもらえず病気になってしまう。妹のリジーも谷に向かい、ゴブリンたちの誘惑や怒りに負けることなく、姉を救い出すという内容である。クリスティナはこの作品に、憧れの画家ウィリアム・ベル・スコットへの報われぬ愛を投影し、男性の不実への批判も込められており、ローラのモデルは作者のクリスティナ自身、リジーは妹のマリア・フランセスカだといわれている。

クリスティナは、兄ダンテ・ガブリエル・ロセッティの友人の妖精詩人ウィリアム・アリンガムや、アイルランドの妖精研究家で『妖精神話集』の著者トマス・キートリーと知り合いで、彼らの著書を愛読していた。ゴブリンという代表的な妖精を詩材に取り上げたのも、こうした背景と無縁ではないと思われる。

普通ゴブリンは、ホブゴブリンやボギーと似た家つき妖精の一種で、暗いところに住んでいる。この作品ではとくにその妖しい「誘惑者」としての側面が強調されている。「猫のような、ねずみのような」「ふくろ熊」「蜜食いあな熊」とたとえられ、「かささぎのようにぴちゃぴちゃ

★D・G・ロセッティ画、クリスティナ・ロセッティ作『ゴブリン・マーケット』より

しゃべり、ハトのようにホウホウいい、魚のようにスーとすべっていく」と描写されるその姿は、さまざまな動物をかけ合わせたように不気味だ。それは人間の心の奥底にある愛と衝動を甘美な誘惑によってつき動かす「リビドー」の象徴のようである。これは「姉妹愛の物語」であろう。

主人公のローラたちが訪れる「ゴブリン・マーケット」は谷間に存在し、果物を売っている。しかし、一般に妖精市場は、丘の彼方に出現するといわれている。旅人がそこへ行くと、にぎわっているような感触は得られるが何も見えない、といわれている。

先述のウィリアム・アリンガムの作品に『妖精の国で』（一八七〇年）という物語詩がある。リチャード・ドイルのコミカルな挿絵がついたこの本に、刺激を受けた民俗学者アンドリュー・ラング（一八四四―一九一二年）は、『誰でもない王女様』（一八八四年）という物語を作っている。舞台はバレー・マジカル（魔法の谷）にある、フェアリーランドとマッシュルームランド。フェアリーランドの王様が旅先で「子供が欲しい」と話していると、「小さくて醜いドワーフ」が近付いてきた。ドワーフは、子供を授けるが、代わりに「ニエンテ（ノーボディ＝「誰でもない」の意）」をくれるよう告げる。王様は喜んで約束をし国に帰るが、なんと不在の間王女が生まれてしまった。しかも「王が帰るまで」は当座の名前として「ニエンテ」と名付けられていたのである。王は悩む。がマッシュルームランドのプリンス・コミカルがニエンテを醜いドワーフから救い、二人は結婚する。この物語に出てくる妖精たちは、無邪気にキノコにまたがったり、スイレンの花に隠れたり、蝶に乗ったりなど、明るく可愛らしく群れている。『夏の夜の夢』に出てくる妖精とも似ていて、実際にパックが登場し、「オーベロンとティターニアと同じ国からきた」と述べる場面もある。

永遠の子供ピーター・パン

ジェイムズ・バリ（一八六〇―一九三七年）といえば『ピーター・パン』。ディズニー映画でもお馴染みになっているが、この作品は現代にいたるまでさまざまな変化を遂げている。

原案となったのは『小さな白い鳥』（一九〇二年）という作品で、生まれる前の赤ん坊はみな小鳥で、ネバーランドで誕生の日を待っている。これが『ピーター・パン――大人にならない子供』（一九〇四年初演）という戯曲になり、さらに『ケンジントン公園のピーター・パン』

（一九〇六年）なって、そこでは、生まれて一週目のピーター・パンは両親が将来を心配するのでケンジントン公園に逃げてくる。そして『ピーター・パンとウェンディ』（一九一一年）になる。この変化の過程において、舞台上でのアドリブ、たとえばピーター・パンの「妖精を信じますか？　信じればティンカー・ベルは生き返るので、もし信じるならば手を叩いてください」という台詞に子供たちが手を叩く、といったこともあった舞台となる。

永遠に歯が生え変わらず誕生日のない永遠の子供ピーター・パンや、蝶のような羽をつけ（その羽の粉をふりかけられた人は飛べるようになる）素早く飛びまわるティンカー・ベルなど、バリは新たな妖精のスターを生み出した。また、ケンジントン公園の門が閉まった後現れる「妖精の国」に住むマブ女王や、落ちていた手紙の切手を見て「いい絵本だ」と飽かず眺めるドワーフなども描き出している。

「人間の最初の赤ん坊が生まれて初めて笑ったとき、その笑いが何千何万という細かな破片に砕けて、それがピョンピョン跳ね回りながらぼうぼうへ散っていった。それが妖精の起こりです」と述べているように、バリは独自の視点から妖精を見いだし愛した。さらに伝承物語の典型的な妖精の特色を巧みに取り入れながら、現代の公園のなかに、四時半の公園閉園後、妖精時間と新たな「妖精王国」を作り出したのである。

よみがえった妖精サーガ、『ホビット』と『指輪物語』

現代妖精王国物語の傑作といえば『ホビット』と『指輪物語』。作者のJ・R・R・トールキン（一八九二―一九七三年）は南アフリカで生まれ、オックスフォード大学の教授で古・中世英語の権威だった。彼はその深遠な知識と語学力を生かし、古代から中世にかけて棲息していた超自然の生き物たち、ドワーフ、エルフ、ゴブリン、トロール、ドラゴン、魔法使いなどをよみがえらせ、「中つ国」に住む「ホビット族」をつくりあげた。

ホビットは妖精のホブと人間の間の存在で、「体はドワーフより小さくリリパットより大きい」。「黄色と緑の服を着て裸足」のホビットは、軽い冗談とパーティーとお茶が大好き。また「習わない手仕事は靴作りくらい」とある。これは片足靴屋レプラホーンを意識した表現だろう。「ホビット族に魔法の力はない」が、保身術、高跳びの術、雲隠れの術などを身につけている。草に見え隠れしたり穴に住むという性質やその名前のひびきから、ホビットにはラビット（ウサギ）のイメージが重ねられている、という説もある。しかし本人は否定している。

『ホビット』（一九三七年）の主人公は、地底に住むホビット族のビルボ・バキンズ。ある日突然ビルボの前に、魔法使いガンダルフとドワーフという小人たちが現れ、彼らとともに、翼を持つ竜スマウグが守っているという宝を探しに旅に出る冒険の物語である。ビルボは途中怪物ゴクリから姿が隠せる不思議な指輪をせしめている。そしてその指輪を受け継いだ甥のフロドが、悪の手に渡るのを恐れ、オロドイン火山に指輪を投げ込むまでの冒険の旅を描いたのが『指輪物語』（一九五四―五五年）である。

トールキンは昔話（フェアリー・テイル）、伝承物語や叙事文学を現代に生かし、古代からある空想的な伝説（魔法の指輪、闇に光る名剣、熊人、悪竜、幽霊など）をふんだんに盛り込んで、一つの小宇宙をつくりあげたのである。またフェアリーやエルフ、ゴブリン、ドワーフなどの妖精が、古代の生き物としてではなく、トーリン、バーリン、オイン、グローイン、フィーリ、キーリのような名を与えられ、新たな個性をもって再生されている。「創造の日」から第三紀までのホビット一族と統治者たちの年代記や家系図、暦などもつくられるほど（息子作成）、かつてないダイナミックなスケールをもった「妖精サーガ」といえるだろう。

妖精国に旅をする『ナルニア物語』

アイルランドに生まれケルトの血をひくC・S・ルイス（一八九八―一九六三年）も、中世英語とルネッサンス文学を専門とするオックスフォードやケンブリッジの教授であった。しかしトールキンの古代世界志向に対し、ルイスは古典的な世界へと向かっていく。その代表作が『ナルニア物語』（一九五一―五六年）である。

物語は、ある日ペベンシー家の四人の兄妹が洋服だんすに入り、見知らぬ国に紛れ込むことから始まる。森が広がり、雪が降り、ロンドンと同じような街灯がともっているが、傘をさしているのは人間ではない。上半身は人間のようだが、両足はヤギのようで、全身赤い毛で覆われ、先のとがった短い髭を生やし、髪の毛は渦巻状で額からは二本の角が突き出ている。フォーンと呼ばれているように、これはギリシア神話に出てくる野山の神フォーンをモデルにしている。

兄妹が紛れ込んだのは、ライオンの王アスランが支配する「ナルニア王国」であった。アスランは白い魔女との戦いで国の滅亡の危機に直面していた。そしてこの非現実の世界を救うために、現実の世界の子供の力を必要とし、四人の兄妹を呼び入れたのである。アスランの軍の構成員は、楽器を奏でる木の精ドリアード、水の精ナイアード、半人半馬のセントール、一角獣ユニコーン、翼のついた馬ペガサス、愛の鳥ガランチョウなど、ギリシア・ローマ神話に登場する精霊や幻獣、異教の神々。一方、白い魔女の軍は百鬼夜行図から抜け出たような不気味な妖怪や怪物たちである。

戦いに敗れ死んだはずのアスランだったが、古代の宗教により翌日再び生き返り、兄妹たちを驚かす。魔女は古い魔法は知っていたが、世の始まりより前からのもっと古い魔法の掟を知らなかったと説明する。それは「裏切りを犯さないものがすすんでいけにえになり、裏切り者の代わりに殺されたとき、掟の石板は砕け、死はふりだしに戻ってしまう」というさだめである。妖精の国の物語に、キリスト教の死と復活のイメージが重ねられているのだ。

ほかにも、シェイクスピアの『夏の夜の夢』をモチーフにしたルドヤード・キプリングの『プークが丘のパック』(一九〇六年)。ゴブリンやボギーを思わせるサミアッドという妖精が登場するイーディス・ネスビットの『砂の妖精』(一九〇二年)。また、極小の妖精国を現代によみがえらせたメアリー・ノートンの『借り暮らしの小人』五部作(一九五二―八二年)など、妖精をモチーフにした児童文学は数え上げればきりがない。そして、妖精の世界に魅せられた作家やその作品の背景を探れば探るほど、「子供のため」の物語という枠を越えた、大人にも大切な真理の象徴表現としての児童文学の新たな魅力も浮かび上がってくることは間違いないようだ。

3　描かれた妖精

人魚像――寺院からヌード像へ

妖精たちはキリスト教が入ると異教の「見捨てられた神々」として、悪魔とも同一視されながら追い払われる運命をたどるが、負の存在として描かれながらも残っているものがある。たとえば『ニュールンベルグ聖書』（一四八三年）の「ノアの方舟」の場面にある人魚の像。これは避けるべき誘惑者として描かれている。

人魚に関する最古の記録は、『アイルランド王国年代記』（八八七年頃）にある人魚の記述である。上半身は乙女の姿、下半身は魚の尾、手に水掻きがあったと書かれている。昔の漁民にとって人魚は、海や魚捕りの守護神、または太平の海の守り神であった。その形象のいくつかが、ローマのモザイクとしてまたはキリスト教寺院の建築の飾りや彫像として、今日でも残っている。中世の『自然の

★『ニュールンベルグ聖書』の「ノアの方舟」

書』（一四五七年頃）の人魚は、僧侶の姿に尾のあるいわばモンク・フィッシュや、鳥の羽根をつけたギリシアのハーピー（ハルピュイヤ）のようである。また尻尾が二股に分かれている奇怪な姿や顔の人魚も描かれている。この頃描かれた人魚の顔は総じてかなり醜悪なものであった。

　こうした異様な顔や姿の人魚はむしろ意外で、一般に私たちが脳裏に描く人魚像は、ドイツのローレライ伝説の、岩に座り長く美しい髪を梳（くしけず）りながら妖しい歌声で男性を誘惑し水に引き込む人魚や、ドイツの『ウンディーネ』（ド・ラ・モット・フーケーの作品）の、人間と叶わぬ恋をして水に消える哀れな人魚ではないだろうか。悲しい美しい乙女のような姿、または妖艶な誘惑者としての人魚像である。また人間の王子に恋をしたが足がないので踊れず、水の泡となって消えていくアンデルセンの人魚姫の悲恋も有名である。そして多くの挿絵画家がこの美しい人魚像を描いている。たとえばエドモンド・デュラックの人魚は、髪をなびかせた美しい少女（一八三五年）、マーガレット・タラントは可愛い金髪の乙女（一九一七年）を描いた。また、ハリー・クラークはモノクロームの線描で長い豊かな髪や尾ひれ、鱗が宝石のように描きこまれた、妖しく美しい人魚姫（一九一六年）を描いている。もう一つ、挿絵の題材に多く取り上げられたのが、オスカー・ワイルドの『漁夫と彼の魂』のマーメイドである。リケッツやベン・クッチャーが描いたイメージは、洗練された美しい黒髪のスレンダーな人魚であった。ほかにも詩集に寄せられた挿絵として、ウォーリック・ゴーブルによる、海底で海草にぶら下がり貝にのって遊ぶ無邪気な少女の人魚たち（一九二〇年）の像がある。

　チャールズ・アルタモント・ドイルも「五尋（ごひろ）の海の底」（一八八九年頃）というシェイクスピ

★ジョン・ウィリアム・ウォーターハウス『マーメイド』

アの『テンペスト』の一節を題名にした独創的な人魚を描き、エドモンド・デュラックは、原作のイメージに沿った人魚像を残している。また、独立したイメージとして髪をとかす人魚を描いた傑作には、ジョン・ウィリアム・ウォーターハウスの「マーメイド」という油絵がある。

シェイクスピアの妖精像を定めた画家たち

『テンペスト』の人魚のみならず、シェイクスピアの妖精像は、後世の画家たちに大きな影響を与えている。ブームの口火を切ったのは、元ロンドン市長で版画商でもあったジョン・ボイデルである。彼が、一七八七年にシェイクスピア・ギャラリーを創設し、当時の有名な画家たちに依頼して名場面を版画で描いてもらったのだ。一七九〇年版にはジョシュア・レイノルズの「パック」、フューズリーの「ティターニアとボトム」等が描かれている。以後、ロイヤル・アカデミーの展覧会には、多くのシェイクスピア妖精画の傑作が描かれ出品されていく。フィッツジェラルドの「エアリエル」やダンビーの「月夜のオーベロンとティターニア」、ジョセフ・ノエル・ペイトンの「オーベロンとティターニアの仲違い」や「喧嘩」の場面の大作は、スコットランドのナショナル・ギャラリーにあり、今日でも名画として評価が高い。

次に、シェイクスピアの代表的な妖精『夏の夜の夢』と『テンペスト』に登場する「パック」「オーベロン」「ティターニア」「エアリエル」を描いた代表的な画家たちの妖精像の特色をたどってみよう。

小悪魔パックのイメージ

初期のパック「像」を定めたのは、ジョシュア・レイノルズ(一七二三―九二年)である。彼はロイヤル・アカデミー・オブ・アーツの創設者の一人で、校長も務め、肖像画家としてすでに有名であった。シェイクスピア全集を編集した文学者ジョンソン博士や俳優ギャリックの友人でありシェイクスピアのよき理解者であった。レイノルズはボイデル・ギャラリーのメンバーとして、一七八九年に『夏の夜の夢』のパックを描いている。裸の子供のパックは、アセンズの森の中で白いキノコに腰をかけ、右手にはオーベロンがキューピッドに矢を射させた「惚れ薬」の黄色いパンジーの束を握り、命令を遂行した得意のポーズなのか、左手を上げている。一見可愛い男の子に見えるが、よく見ると、耳はとがり目付きは小悪魔的で、人間の男の子でないことが分かる。これから木陰でハーミアのそばに身を横たえているライサンダーの目に薬を塗ろうとしているのだろう、かすかに浮かべている微笑

★ジョシュア・レイノルズ『パック』

みが、妖精のいたずらっぽさを示している。このパック像は、リチャード・ダッド（一八一九―八七年）など後の画家たちにも踏襲されていく。エドワード・ホップレイ（一八一六―六九年）も「パックと蛾」を描いているが、このパックは、遠い背景に汽車が走っており、アナクロニスティックな『夏の夜の夢』で面白味がある。またデヴィッド・スコット（一八〇六―四九年）も、裸の男の子のパックを描いている。いずれの画家たちも、妖精の持つ特徴的な要素――月夜、夜露、妖精の輪踊り、フェアリー・リング、キノコ、蛍火などをよく知っていて、妖しい不気味さを漂わせそれらもうまく描き出している。

裸体の美女ティタ一ニア

ジョン・シモンズ（一八二三―七六年）のティターニアのシリーズやウィリアム・ベル・スコットの「マブ女王」には、美しい金髪の裸体の女性が描かれている。こうした裸体の妖精像は、ヌードを描くことが禁止されていたヴィクトリア時代の人々に密かに愛されていた。人間でなく妖精ならば、服を着ていないのも当然だという言い訳もできたからだろう。シモンズの「飛ぶティターニア」（一八六六年頃）は、夕暮れの饗宴に出かける場面で、大きな月の下、金髪をなびかせ手に細い棒の蛍火ティーパーをかざし、裸体の上に薄く光るヴェールをなびかせて飛んでいる。この金髪碧眼のヌード姿が、典型的な女王ティターニア像となった。ほかにもシモンズは、さまざまなポーズのティターニア――横になって「花の上に憩うティターニア」「蛍に火をつけるティターニア」――を描いている。

★ジョン・シモンズ『飛ぶティターニア』

リチャード・ダッドは「ティターニアの眠り」を描いている。コウモリが額縁のように覆う下、小さな約三〇人ほどの妖精が葉っぱのアーチに乗ってスズランの花に囲まれ、その中にティターニアは右腕を枕にして、白い布の上に裸身を横たえている。まわりで見守る侍女たちもヌードだが、薄いヴェールをつけている。周りに描かれた小さな妖精たちは、目が飛び出ていたり、鼻がたれさがっていたり、耳がとんがっていたりして表情が奇怪である。フューズリーの影響があるともいわれるが、ダッド独自の妖精になっており、奇怪さと優美さとの調和する不思議な画面になっている。ダッドは二十六歳のとき、エジプト旅行から帰って精神的に異常をきたし、「オシリス神の予言で悪魔を殺すのだ」と、実の父を刃物で刺して殺してしまう。以後四十三

年の間、再び社会に戻る事なくベスレム精神病院でただ絵筆をとり、最後まで妖精の絵を描き続けていた。リチャード・ダッドのシェイクスピアに題材を取った絵画にはほかに、「パック」（一八四一年）「夕暮れ」（一八四一年）「この黄色い砂浜に来れ」（一八四二年）、エジプトから帰って描いた「オーベロンとティターニアの仲違い」（一八五四―五八年）「妖精木こりの最後の一撃」（一八五五―六四年）などがある。また、ロバート・ハスキソン（一八二〇―六一年）も「眠るティターニア」を描いている。

パックの惚れ薬を目に塗られ、眠りから覚めて初めて見たロバの首をかぶせられた織物師ボトムに惚れてしまう場面、「ティターニアとボトム」も好題材になっている。もともと動物画家のエドウィン・ランドシーアー（一八〇二―七三年）による作品はロバの表情や野兎の描写が手堅い。同じ題材を使いながら、違う独自の場面をつくっているのはヘンリ・フューズリー（一七四一―一八二五年）である。たとえばティターニアの剣に、ヴィクトリア風の衣装を着た

★リチャード・ダッド『ティターニアの眠り』

★エドウィン・ランドシーアー『ティターニアとボトム』

★ヘンリ・フューズリー『ティターニアとボトム』

★ジョセフ・ノエル・ペイトン『オーベロンと人魚』

レディと彼女が犬のように鎖で引いている黒い衣に長い髭の老人には、アーサー王伝説の湖の妖精ヴィヴィアンとその色香に迷った魔術師マーリンのイメージが重ねられている。周囲には奇怪な姿の夢の破片を散らばせている。フューズリーは夢と妖精を重ね、「エロティック・ファンタジーの夢」を描き出そうとしていたのだろう。

　一方、オーベロン王だけを単独で絵画に描いたものはあまりない。しいてあげるならばジョセフ・ノエル・ペイトン(一八二一―一九〇一年)の「オーベロンと人魚」だろう。赤いマントを背に負った裸体のオーベロンは、海辺の岩にパックを従えて腰を下ろし、頬杖をついて海に浮かぶ人魚を見下ろしている。背中ではなく頭に蝶の翅を付けているのは珍しいものである。妖精は背中に蝶か蛾、あるいはトンボかカゲロウなど昆虫の翅を付けるのが普通であり、天使は鳥の羽根で、悪魔はコウモリの羽根が多い。パックの背中にコウモリの羽を付けたり、オーベロンの頭に王冠のような蝶の翅を付けたイメージは、ペイトン独特といってもいいだろう。またオーベロンの端整な姿は、ギリシアのヘルメスのイメージにも通じるものがある。ほかに妖精群像の傑作「オーベロンとティターニアの仲違い」（一八四〇年）と「仲直り」（一八四七年）の二枚がある。オーベロンとティターニア、そして輪になって飛ぶ小さな侍女の妖精たち、沼には奇妙な妖精たちが数多く戯れ、饗宴を繰り広げている。『不思議の国のアリス』の作者ルイス・キャロルはこの絵画が好きで、何人居るか、妖精を全部数え、一六五と確認したという逸話も残っている。

使魔エアリエルは中世的な少女の妖精

ボイデル・ギャラリーにエアリエルを描いた版画を出品したのは、ヘンリー・タウンゼント（一八一〇―九〇年）である。このエアリエルは月の光を浴び、夕顔の花咲く枝の上に身を横たえている。『テンペスト』の第五幕での、プロスペローに仕える十六年の使魔の年季が明けたら、遊んで暮らしたいという様子を描いている。同じ場面を、ジョン・アンスター・フィッツジェラルド（一八一九―一九〇六年）も描いている。エアリエルは花咲き鳥鳴く枝に身を横たえ、性別のはっきりしない中性のような少女の姿をし、金髪で目付きがまた小悪魔的である。ジョセフ・

★ヘンリー・タウンゼント『エアリアル』

セヴァン（一七九三—一八七九年）のエアリエルも少年のようにほっそりした体をした少女で、コウモリに乗って空を飛んでいる。ほかにウィリアム・ベル・スコット（一八一三—一八九年）やジョン・エヴェレット・ミレー（一八二九—九六年）、ヘンリー・ジョン・ストック（一八五三—一九三〇年）がエアリエルを描いている。いずれも中性的なイメージである。

挿絵画の妖精たち

ヴィクトリア時代の市民に広く読まれた雑誌に『パンチ』がある。戯画で笑いと共に鋭い社会風刺を行い、一八四一年の発刊以来、今日まで続いている雑誌である。風刺戯画（カートゥーン＝漫画）の言葉を流行させ、日本でも昭和に「ポンチ絵」という言葉が使われた。この表紙画を描いていたのがリチャード・ドイル（コナン・ドイルの伯父）である。ほかにも『不思議の国のアリス』の挿絵で知られるジョン・テニエルや、ラスキンやディケンズなどの作家に認められたジョージ・クルックシャンク、みずから作家でもあったウィリアム・サッカレーなど、優れた画家が輩出されている。当時は、グリムやペロー、アンデルセンやアンドリュー・ラングなどの作品が多く翻訳され、また創作童話本の挿絵の必要性も高まっていた。また木版や銅版、多色刷り石版に至る印刷技法の発達、豪華な挿絵本の工芸運動などもあり、これまで物語や作品の理解を補佐し、図解する二次的な役割と見られていた挿絵とその画家たちが、独立して重んじられるようになってきていた。

挿絵としての妖精の最も古いものは、一五五五年に刊行されたオラウス・マグヌスの『スカンジナヴィア人の歴史』に付けられた木版画（作者不明）だろう。馬から降りた騎士が妖精の丘を訪れると、丘の真中が開き、妖精の王や女王、そしてお付きの者たちが出迎える図である。

十七世紀には、町から村へと小間物屋が売り歩いた小型本チャップブックのなかの『親指トム』の挿絵がある。トムが洗面器のなかに落ちた場面や小さな蟻と戦うところ、最後にアーサー王の騎士に叙され、馬に乗っている場面などが描かれている。十七世紀にヨーロッパで盛んに蒐集された民間の妖精物語が、十八世紀にイギリスで読まれるようになると、シェイクスピアの小さな自然の妖精像や、ケルト系、チュートン系の妖精よりも、アーサー王の湖の妖精のような「フェ」の映像が強くなる。人間と等身大で、人間の運命を左右し、魔法を使う女性の姿の妖精が、挿絵として好まれるようになっていく。たとえばクルックシャンクの「シンデレラのガラスの靴」（一八五四年）に登場する妖精代母は、小太りで黒いマントに三角帽子、スカートに前掛けというように、妖精の国から来たというより、近所の農家のおばさんのような親しみがある。

詩集の挿絵と豪華本

豪華な挿画の入った詩集を挙げるとすれば、ジョン・ミルトンの長詩『コーマス』（一六三四年）だろう。これは友人のヘンズローが作曲した仮面劇（マスク）で、ダルジエ兄弟によって四人の画家たちの三〇枚の銅版画を入れて古典的な詩集として出版された。またチャールズ・ロビンソンはシェリーの『眠り草』（一八二一年）に彩色図版十八葉を入れ、豪華な白皮の表紙をつけて造本した。ウォルター・デ・ラ・メアの『ダン・アダン・デリー』（一九二二年）に付けたドロシー・ラスロップの挿絵も、モノクロームの網の目のような線画が繊細で、か細い少女の妖精たちが描かれ幻想的な詩の世界とよく調和している。S・T・コールリッジの『老水夫行』にはハンガリー生まれのウィリー・ポガニーが豪華な挿絵と造本をデザインしている。クリスティナ・ロセッティの『ゴブリン・マーケット』（一八六二年）には、兄のD・G・ロセッティがラファエル前派風の女性と周囲に小さく動物の顔のゴブリンたちを描いている。ほかにもアーサー・ラッカムやマーガレット・タラント、ハウスマンがこの作品の挿絵を描いているが、それぞれ独特のゴブリン像になっている。

ディッキー・フェアリー

「ディッキー」はリチャード・ドイル（一八二四―八三年）の愛称である。ディッキーは、アリンガムの詩集『妖精の国で』（一八六九年）に、野原の昆虫や花と戯れる動きのあるキュートな妖精やエルフたちを描いている。実はこれらの絵は最初挿絵を目的とはしていなかった。民間伝承の妖精たちを思いのままに描いていたものをディッキーは「フェアリー・アルバム」という一冊にまとめるつもりだったのである。それを見た編集のリチャード・ロングマンが、この絵に合うような詩を書いてくれるよう、アリンガムに頼んだのだ。画家と詩人双方の不満に反し、この本はよく売れ、人々を魅了している。民間伝承の研究家アンドリュー・ラングもこの挿絵の世界に魅了された一人で、これに触発され『誰でもない王女様』（一八八四年）を書いている。

ディッキーの弟チャールズ・アルタモント・ドイル（一八三二―一八九三年）も多くの妖精画を残している。しかしその評価は死後のものであり、生涯を素人画家として終えている。精神病院で療養中に書き残した『ドイル家の日記』には、花や蝶と戯れる妖精たちの絵が多く見られ、チャールズの感受性の鋭さ、どこか現実から遠い性格を想起させる。チャールズは一連の探偵小説で知られるアーサー・コナン・ドイルの父親である。

ドイル兄弟の妖精画には、ともに故郷アイルランドの風土が、強く影響を与えている。美しい森の中で遊ぶ小さな小さな妖精や、豊穣の土地の神のように農耕を手伝う妖精、またその背景に描かれた森や大自然の風景は、いずれも、アイルランド独特の神秘性によって育まれた感性のように思われる。

★リチャード・ドイル『妖精の国で』より

★チャールズ・アルタモント・ドイル『妖精たちのピクニック』

★チャールズ・アルタモント・ドイル『オコジョ乗り』

ドイルと並び立つ挿絵画家の大家が、アーサー・ラッカム（一八六七―一九三九年）である。ラッカムの妖精たちは「ラッカメア・フェアリー」と呼ばれ、今も多くの人に愛されている。シェイクスピアの作品から『ピーター・パン』まで、その奔放な想像力と手堅い技法とで、たくさんの優れた作品を生み出した。昼は保険会社勤めの温和で几帳面なサラリーマン。一方

★アーサー・ラッカム『ケンジントン公園のピーター・パン』より

で奇妙な次元の違う生き物たちの世界を、余暇の間に描いていた。『夏の夜の夢』や『ニーベルンゲンの指輪』の挿絵連作も有名だが、代表作はやはり『ケンジントン公園のピーター・パン』（一九〇六年）だろう。

花々に描かれた妖精

挿絵の構図や図案が簡略化され、様式化や装飾化されてくると、かえって現実感が薄れ幻想性が加わり妖精の世界に近くなるようだ。本の装飾やカット、額縁飾り（プロセニウム）の美を生む目的からも、妖精は格好の題材になってくる。そして挿絵は、文学作品への隷属から逃れて独立した別世界を作るようになっていく。

たとえば印刷業の家に生まれたウォルター・クレイン（一八四五―一九一五年）は、「花の精、フローラ・ファンタジー」という多色刷りの石版画で、花と劇の登場人物を一体化させている。また「シェイクスピアの庭からの花たち」（一九〇六年）でも、花の特色を巧みに生かし、オフェーリアやポーシャといった戯曲の登場人物を一体化させている。

一八六〇年代の最初の女流挿絵画家エリナー・ボイル（一八二五―一九一六年）は、花と子供の組み合わせを好んで描いた。正確な観察にもとづき、それをやや図案化した花や木の実、蛾や蛙のあいだに身をかがめるふくよかな女の子の絵は、ラファエル前派のホルマン・ハントやミレイに愛されていた。

「フラワー・フェアリー」の画家と呼ばれるシシリー・バーカー（一八九五―一九七三年）の

妖精たちは、どちらかといえばクレインの手法に近く、花の性質と子供の顔や姿を一体化させている。イギリスの家の常として、家庭教師について勉強し、短期間クロイドン美術学校に通ったのが唯一の学校教育であった。姉のドロシーの開いた託児所に来る子供たちをスケッチし、あどけない子供に妖精を重ね、さらに道端の花、木の花、野原の花々を重ねていったのだろう。バーカーの「フラワー・フェアリーズ」（井村訳『花の妖精』）は、現代の人々の妖精のイメージを固定化させるのに、最も強く作用しているといえる。

★ウォルター・クレイン『フローラ・ファンタジー』より

また、ヴィクトリア朝妖精画家たちの描く花々や昆虫、小鳥の手堅い描写の背景には、植物図鑑や鳥類図鑑などの細密画の歴史があることも忘れてはならない。素人ではあったがアメリア・ジェーン・マレー（一八〇〇—一八九六年）は、一連の作品でこうした図鑑を手本に独自の美しい妖精像を生み出している。

4 演じられた妖精

仮面劇（マスク）とペイジェント

仮面劇は「マスク」と呼ばれ、エリザベス一世の時代やジェイムス一世時代に宮廷演劇として流行した一種の仮装劇である。これは貴族たちを迎えるための式典を飾る行列ペイジェントに組み込まれることが多かった。仮装と舞踏が主で、そこに音楽が入り、一つの筋を立てて行われた見せ物のようなものであった。イタリアの仮面劇の要素も入っていたようで、耳で聞く台詞の要素よりも目を楽しませるほうに重点が置かれていた。

豪華な衣装や仮面、場面転換の機械装置や宙吊りなど、からくりの趣向も凝らされ、イタリアから帰った舞台装置家であったイニゴ・ジョーンズ（一五七三—一六五二年）が劇作家ベン・ジョンソンと組んで演出し舞台装置も考案した。ジョンソンは壮麗なマスクの合間にコミック・

レリーフとして「道化おどり」などを挿入して成功した。上演は貴族の館や庭園まで使い、観客自らも参加して楽しんだのである。いわばスペクタクル劇のようであり、王や貴族自らが仮面を付けたりして参加したのである。

勢い演劇の筋は現実より架空のものになってくる。ギリシアの神々や精霊、妖精たちがふんだんに登場する劇となった。ジョンソンの『妖精王子オーベロン』（一六一一年）が代表的な作品である。これは皇太子（プリンス・オブ・ウェールズ）歓迎の祝典のために書かれた。主題はアーサー王からジェイムス一世までの歴代の支配者を、オーベロン王のフェ（フェアリー・ナイト）が祝福するスペクタクル劇である。イニゴ・ジョーンズのト書きによれば「正面に輝く宮殿、門も壁も透き通るように描く。門の内側にはシルヴァンが、木の葉の衣装をまとい、手に棍棒を持って眠っている」。そこに彼のデザインしたオーベロン王は、白い羽飾りのついた兜に金銀の鎧、半長靴をはきローマ皇帝のような衣装で、トランペットが鳴ると三匹の熊に引かせた車に乗り、三人の森の精を従えて現れるという趣向である。森の精をみるとほとんどが半神半獣で、サチュロス、シレーヌス、シルヴァン、バッカスである。妖精のフェとエルフは当時でも女性が演じたようで「フェはいつも輪になって踊り、その輪の中心にはいつもオーベロン王かマブ女王か、身分の高いものが立つ」と説明されている。踊りや歌は宴会を盛り上げるのに相応しいものであった。舞台天井の「天国」と呼ばれる所から、ゴンドラに乗って妖精たちが降りてきたり、雲をかたどったゴンドラのクレーンで中空を飛んでいったり、超自然の生きものたちの演出に大いに工夫が凝らされていた。

シェイクスピアの戯曲

シェイクスピアがイニゴ・ジョーンズと組んだ記録はなく、どんな装置や演出を妖精たちに用いたかは推定にとどまる。しかしおそらく『夏の夜の夢』のオーベロン王国とその小さいという妖精、『テンペスト』のプロスペローの使魔エアリエルの魔術空間、劇中劇の女神たちジューノーや虹の女神アイリス、豊鏡の神シーリーズなどの幻想劇の場面などが、演出の腕の見せ所だっただろう。一九七〇年にピーター・ブルックが演出した『夏の夜の夢』は、斬新な演出が評判になった。サラ・ケステルマンの演ずる緑のドレスのティターニアは赤いダチョウの羽にのって天井から降り、妖精たちも天井からブランコに乗って上ったり下りたりする。ジョン・ケインのパックは棒の先で皿をまわす。これらは魔術を使うことの象徴で、ブランコは昔のゴンドラのようである。新しい演出といわれているが、昔のエリザベス朝時代の舞台の演出にむしろ近くなったのではないだろうか。一八四〇年にロイヤル劇場で上演された『夏の夜の夢』のオーベロンは、ルシア・ヴェストリス夫人が演じている。このときから少しの間、妖精王と女王の役は女優が演じることが多かった。曲はメンデルスゾーンを使っている。妖精たちはシフォンのドレスを着て踊り、バレエにも影響を与えた。一八五〇年のチャールズ・キーン（一八一一―六八年）から一八九七年のコンスタンス・ベンソンの演出の頃まで、妖精役には五〇人ほどの子役が使われていた。裸の五、六歳の子供が背中に蝶の翅をつけて、自在な姿で舞台をはねまわって雰囲気を出していた。チャールズ・キーンの演出も評判で、一八五六年にプリンセス劇場で『夏の夜の

★チャールズ・キーン『夏の夜の夢のスケッチ』より

夢』を上演したときは、パックに八歳のエレン・テリーを採用した。キノコの縫いぐるみの上に座らせ、機械仕掛けで奈落からセリで出している。この舞台を観客席にいた作家ルイス・キャロルは「非のうちどころのない優美な妖精でした」とファンレターを送っている。このときエレンの姉のケイトがエアリルを演じていた。キャロルは両方の舞台をみていたであろう。彼の書いた妖精物語である『シルヴィーノとブルーノ』には少女たちの面影が重なっているように思える。『テンペスト』のプロスペローの使魔エアリエルは、演出家の解釈でさまざまな容姿を与えられている。たとえば一九五七年のエアリエル役ブライアン・ベッドフォードは全身に葉脈入りの薄い緑のタイツ、一九七〇年イアン・リチャードソンは腹部に苔の塊を付けただけで全裸、一九七四年のマイケル・フィーストは純白の詰襟の服、一九八二年マーク・リランスは無色のタイツの上に赤の動脈と青の静脈が描いてあるもの、一九八八年ダンカン・ベルは上半身裸で葉っぱのような緑の薄いタイツという衣装だった。

★アルフレッド・エドワード・シャロン
『バレエ「ゼフィールとフロール」でフロールを演じるマリー・タリオーニ』

バレエの妖精たち

「ロマンティック・バレエ」が頂点にあったのは、一八三〇―五〇年代のロンドンであった。ガス灯の照明の下で、各国からのバレリーナたち、マリー・タリオーニ、ファニー・エルスラ、カルロッタ・グリジなどが、薄いシフォンのチュチュを翻して妖精のように踊った。マリー・タリオーニは『シルフィード』(一八三二年)で、ジャンプし宙から降りるとき爪先で立つ「シュール・ラ・ポアント」を初めて見せ、超自然的な技法で「空気の精の舞姫」と言われた。

よく上演される妖精の登場するバレエの主な作品を一覧にしておく。

作品名（初演年、劇場）	登場する妖精	振付家	作曲家
悪魔のローベル （1831／パリ・オペラ座）	死んだ修道女の霊	F・タリオーニ	マイヤーベーア
ラ・シルフィード （1832 ／コペンハーゲン王立劇場）	空気の精シルフィード	F・タリオーニ	J・シュナイッツホッファー
ジゼル （1841／パリ・オペラ座）	精霊ウィリー	J・コラリ J・ペロー	A・アダン
オンディーヌ （1843 ／ハーマジャスティ劇場）	水の精オンディーヌ	J・ペロー F・チェリト F・アシュトン	C・ブーニ H・W・ヘンツェ
パピヨン （1860／パリ・オペラ座）	年老いた妖精アムザ	M・タリオーニ	オッフェンバック
シルヴィア （1876／パリ・オペラ座）	ニンフのシルヴィア	L・メラント	L・ドリーブ
白鳥の湖 （1877／ボリショイ劇場）	白鳥の姫オデット 悪魔ロットバルト 悪魔の娘オディール	M・プティパ	チャイコフスキー
眠れる森の美女 （1890 ／マリンスキー劇場）	リラの精、老妖精カラボス、優しさの精、やんちゃの精	M・プティパ	チャイコフスキー
くるみ割り人形 （1892 ／マリンスキー劇場）	金平糖の精、お茶の精、チョコレートの精、雪の精、藁笛の精、小麦の精	L・イワノフ	チャイコフスキー
レ・シルフィード （1908 ／マリンスキー劇場）	空気の精シルフィード	M・フォーキン	ショパン
薔薇の精 （1911 ／モンテカルロ公演）	薔薇の精	M・フォーキン	ウェーバー
牧神の午後 （1912／シャトレ劇場）	ニンフ、牧神	V・ニジンスキー	ドビュッシー
シンデレラ （1945／ボリショイ劇場）	妖精の代母	R・ザハロフ	S・プロコフィエフ
夏の夜の夢 （1946 ／コベントガーデン劇場）	妖精王オーベロン 妖精の女王ティターニア パック	F・アシュトン	H・パーセル （編曲C・ランバート）

フェアリー・ゴッドマザーが登場する『眠れる森の美女』は、一九二一年セルゲイ・ディアギレフ演出のときに成功をおさめた。この頃から画家やイラストレーターが舞台衣装や装置デザインに参加しはじめ、レオン・アン・バクストやチャールズ・リケッツ、のちにはジャン・コクトーやマチスなども参加して斬新な線と色、光の中に、作曲家ムソルグスキーやプロコフィエフの音楽で、バレリーナのパブロヴァ、ニジンスキーなどの森の精やニンフ、シルフの踊りが幻想世界を展開させた。これは二十世紀初頭にフランスで活躍したロシア・バレエ団で、創始者の名を取って「ディアギレフ・バレエ・リュス」と呼ばれる運動でもあったが、前衛的な演出で上演されたこれらのバレエ作品には妖精が多数登場し、新たな妖精像を生み出した。

演奏された妖精

ヘンリー・パーセル（一六五九―九五年）は、十七世紀後半のイギリスを代表する作曲家である。王室付属礼拝堂少年聖歌隊の一員として音楽の道を出発し、ウエストミンスター寺院のオルガン奏者から、わずか一八歳のときに王室弦楽団の常任作曲家となって才能を示した。劇音楽は一六九〇年から亡くなるまでの五年間に作曲された。中でも『妖精の女王』（全五幕、一六九二年）は、バロック音楽と演劇とバレエの要素をあわせもつ「スペクタクル・オペラ」ともいうべき作品であった。そのほか彼が作曲した妖精に関係のある主な曲は『アーサー王』（一六九一年）、シェイクスピアの『テンペスト』（一六九四年）、『インドの女王』（一六九四年）などである。

一八七〇年には、ギルバート・サリヴァンが作曲しウィリアム・ギルバートが台本を書いた一連のコミック・オペラが流行した。これは現代の劇場でも必ず上演されているイギリスの代表的なオペラで、ミュージカルの前身といえるだろう。『ミカド』や『ペンザンスの海賊』などが知られているが、目立ったものに『アイオランシー、貴族と妖精』（一八八二年）がある。別名「フェアリー・オペラ」と呼ばれる一種の社会風刺オペレッタである。

この作品は社会で高い地位にある国王の貴族秘書と貴族たちが、現実の政治を批判し、かえって超自然の国フェアリー・ランドの妖精女王と妖精たちに魅惑されて、全員が妖精と結婚する話である。ロンドンの都会と郊外の牧歌的な草原、ウェストミンスター宮殿とフェアリー・ランドを対照させ、最後に妖精女王もバッキンガム宮殿の近衛士官と結婚することになる。赤い服と黒い帽子の近衛士官には羽が生え、気をつけの姿勢で妖精の国に一緒に飛んで行く。

パーセルの『妖精の女王』から、結婚行進曲がよく知られるメンデルスゾーンの『夏の夜の夢』など、多くの優れた各国の作曲家たちが残した、妖精を主題とした音楽を拾っていくと、約七〇曲ほどが挙げられるだろう。シェイクスピア時代の旋律から、オペラ、バレエ、ロマン派のもの、現代音楽など多彩である。その中からこの四〇〇年の間に作曲された主なものを選んで一覧にしておく。頭の数字は発表された年代である。

一五九九　アントニー・ホルボーン「妖精のラウンド」
一六一一　ロバート・ジョンソン「五尋の海の底」「蜂が蜜を吸い」（エアリエルの歌）
一六七四　トマス・シャドウェル「テンペスト」

一七一二　ジョン・ウェルドン「テンペスト、魔法の島」
一七三八　T・A・アーン「ミルトン『コマス』」
一七五五　ジョン・スミス「妖精たち」
一七七一　T・A・アーン「妖精の王子オーベロン」
一七八九　P・ベラニッキ「妖精王オーベロン」
一七九八　ヨハン・ライヒャルト「妖精の島」
一八一七　ロッシーニ「シンデレラ」
一八二六　カール・フォン・ウェーバー「オーベロン」
一八二七　メンデルスゾーン「夏の夜の夢」（序曲）
一八三三　R・ワーグナー「妖精」
一八四一　A・アダン「ジゼル」
一八四二　C・フランク「空気の精」
一八四九　シューマン「水の精」
一八五一　シューマン「海の妖精」
一八六五　グリーグ「妖精の踊り」
一八九〇　チャイコフスキー「眠りの森の美女」「くるみ割り人形」
一八九八　グリーグ「パック」
一九〇八　ラヴェル「妖精の国」

一九一〇　ドビュッシー「パックの踊り」
一九二八　ストラヴィンスキー「妖精のくちづけ」
一九三九　カール・オルフ「夏の夜の夢」
一九四一―四四　フロコフィエフ「シンデレラ」
一九五六　エルンスト・トッホ「ピーター・パン」
一九六〇　ベンジャミン・ブリテン「夏の夜の夢」

5　造られた妖精

寺院の中の妖精

妖精をはじめ超自然の生きものたちは、古くから信仰の対象としても、人々の中に生き続けてきた。キリスト教にとっては異教であるが、民間信仰、土着信仰の名残として、とくに植物と豊穣の生産の神々としての「グリーンマン」(緑の男)や、海の幸と航海の保護者、漁夫の守護神としての「人魚」が、今日でも教会や寺院に保存されている。鏡(月あるいは羅針盤の象徴)と櫛(波を静める力の象徴)とを手にした人魚像が、イギリスのゴシック寺院の天井の梁(リブ)のとめ飾り(ボス)に付いていたり(ドーセットのシェルボーン寺院、十五世紀)、柱の冠飾り

（シャピトー）のレリーフの間に、グリーンマンがライム・ストーンで彫られていたり（ヨーク寺院、十三、十五世紀）、また角と蹄をもつインプ（小鬼）が顔を覗かせていたり（リンカーン寺院、中世）する。城塞や屋敷の壁を飾ったタペストリーにも、ウッドマン（森の男）や、翼のある人魚などが見られる。これらはキリスト教が民間信仰の名残を、人々のために保護していたことを意味する。その寛大さによって、異教の神々の姿が今日まで彫像として、寺院のなかに見られるのである。自然の精霊としての、木の葉の精や森の男、人魚やインプ、ガーゴイル等は、妖精の祖先たちの姿と言ってもいいだろう。

石の彫像として時折、教会に安置されている地母神の一つに、「シーラ・ナ・ギグ」がある。これは、豊穣と破壊の両者を司るケルト系の神で、本来は野原や道端に建っていた土地の神（デイ・テレーニ）だが、やはりグリーンマンのように民間信仰の名残の像として、現代まで教会内に保護されている。ゲール語「シー」（土塚、土塚に住む人、丘の人バン・シー）がそのまま妖精の呼称になっているところからも、地母神は妖精の前身であることがわかる。このグロテスクで異常な表情とポーズをとる「シーラ・ナ・ギグ」は古い時代からの地母神だが、セックスと母性本能の象徴でもある。

古代ケルト人には「魂は頭に宿る」という信念がある。これは木の葉に囲まれた顔「グリーンマン」の姿とも関係があるだろう。植物で装飾されたケルトの首が、後年になって豊穣と生産の神としてのグリーンマン像となり、豊穣信仰につながっているように思えるからである。さらに樹木や植物の精霊としての妖精に変じていったのではないだろうか。以下に、グリーンマン及び青葉の精霊の主なものの名前を挙げておくが、豊穣神グリーンマンが妖精に至る変遷が、推定されるように思う。

グリーンマン（緑の男）
リーフマン（木の葉男）
グリーニー（緑の人）
グリーンコーティーズ（緑の服）
グリーンスリーヴズ（緑の袖）
グリーンウーマン（緑の女）
グリーンナイト（緑の騎士）
ウッドマン（森の人）
ウッドウォース（森の野人）
ジャック・イン・ザ・グリーン（青葉のジャック）
ジャック・イン・ザ・ブッシュ（薮のジャック）
ハーン・ザ・ハンター（ウィンザーの樫の木の精）
ロビン・オブ・ザ・ウッド（森のロビン）
（こまどり＋ロビン・フッド＝ロビン・グッドフェロー）

★ゼーバルト・ベーハム『葉状の頭部（グリーンマン）』

現代においても五月祭の立役者はジャック・イン・ザ・グリーン（青葉のジャック）である。この祭りの最後に儀式として水に投げ込まれる人形がつくられている。ところでブリテンでは、民間伝承の妖精が人形や置物として、地方、種類ごとに数々造られ、人々の生活に潤いを与えている。陶器や木製、ブロンズや銀製、石や布、パピエマッシェ（張り子）など素材もさまざまである。静止した絵画ではなく、人間のように立体感があり、さらに動く妖精人形は、見る人に、より存在感を与えてくれるのだろう。

装飾タイルの妖精

妖精の彫像は寺院のなかに、民間信仰の名残としてばかりでなく、前述したような建築装飾としても今日まで多く残っている。その姿もガーゴイルのように怪物めいて異様な姿形のものあり、薄物をまとった美女の姿あり、個人の邸宅の柱や床の装飾タイルとして、より生活に密着し、高い装飾性をもった日常用品へと広がっている。

タイルの歴史は古くエジプト、メソポタミアにまで遡ることができるが、イギリスで盛んに造られるようになるのは、ヴィクトリア時代である。建築技術の発達に伴い壁や床、暖炉や腰壁に、汚れがすぐ落とせる便利さも手伝って実用として使われたが、次第に絵画と彩色がさまざまに施され、装飾としても人々に愛用されるようになった。ハーバート・ミントンが一八二八年頃に大量にタイル製造を始め、素材・焼き方・図柄の美が観賞されるようになっていく。タイル工場は陶磁器工場と連関していたが、当時知られていた商店はミントン、コープランド、ウェッジウッド、ホリンズ、マウそしてキルピンソンなどであった。

有名な画家やデザイナーたち、ウォルター・クレインやアルフォンス・ミュシャ、イーヴリン・ド・モーガン、ウィリアム・モリスなどが独特の絵柄と様式の図柄を、特殊な釉（うわぐすり）でタイルに焼き付けた。とくに独特の絵柄と釉薬（ゆうやく）で紫や黄色、茶色を生かした「モーガン・タイル」が

★ウォルター・クレイン『白鳥の乙女たち』のタイル版

★ウェッジウッド製「夏の夜の夢」シリーズ

当時人気があった。美術工芸（アーツ・アンド・クラフツ）運動の題材として、モリスの壁紙と調和して用いられたり、ゴシック・リヴァイヴァルやロココ調の幾何学模様もある（近年はケルト・リヴァイヴァル模様も生産されている）。主題連続模様が好まれ、とくに一九五〇―九〇年代に流行した。またウェッジウッドで一九一〇年頃に造られた『夏の夜の夢』シリーズ、『シンデレラ』『眠れる森の美女』など、フェアリー物語シリーズもある（現在それらの複製が焼かれている）。なかでも「エルフとカブト虫」のタイルなどは、タイルの歴史書に書かれているほど人気があり、台所や浴室、暖炉の壁などを飾っていた。

ラスター彩色陶磁器

一九一六年から四一年にかけて、陶磁器会社ウェッジウッドで、デイジー・マーケー・ジョーンズ（一八八一―一九四五年）という、ヨークシャー出身の女性陶器デザイナーが考案し造った「フェアリーランド・ラスター」と呼ばれる陶器シリーズがある。ラスターというのは、イスラムやペルシアの製法を引く陶磁器の仕上げの技術の一つで、一度火を入れた器の表面に、非常に薄い金属のフィルムを被せ、独特の金属光沢を出した施釉（せゆう）陶磁器である。彼女の作品は特に「リキッド・ラスター」と呼ばれ、金属やワニスを使って独特の色彩と光沢を出している。デイジーが手描きで妖精や妖精の国を絵付けしたボウルや花瓶やカップは、妖精の幻想性を、見る者によく伝えている。絵の題材は、アンドリュー・ラングの『妖精物語集』の挿絵の妖精や、エドモンド・デュラックの描くエアリエル、アーサー・ラッカムの小さな妖精たち、そしてヒース・ロビンソンの手足の細い昆虫のように黒い「ゴッサマー・フェアリー」と呼ばれる奇妙な妖精たち。またアンデルセンの『親指姫』が池のスイレンに座っていたり、『不思議の国のアリス』の白うさぎ、メルヘンの物語の白亜の宮殿などである。オリエンタリズムの背景がまた、妖精の国にエキゾティックな幻想性を加えている。

このフェアリーランド・ラスターは、ジョージ五世やメアリー女王の賞賛を受けて流行した。しかし一九三九年の世界恐慌の嵐を受けて、人々の嗜好が華美なものから実用的なものへ変わると生産が減り、さらにウェッジウッドの社長フランクの死去によって生産品の改革も行われ、ラスター彩色陶器の制作は注文だけに限られてしまう。マーケー・ジョーンズが一九三一年、デヴォンシャーに隠遁してしまうと、一九四一年以来ウェッジウッド社はラスターの製造を停止してしまったので、いまやフェアリーランド・ラスターは、骨董品として探さねばならぬ幻の陶器になってしまった。

6　写真に現れたコティングリー妖精事件の意味するもの

事件の始まり

一九一七年七月のある日、ヨークシャー、ブラッドフォードのコティングリー村に住む一三歳の少女エルシーと一〇歳のアフリカから引きあげて来た従姉妹フランシスは、近くの森や小川で遊ぶうち妖精と遭遇する。父からミッジ・カメラを借りて撮影し現像すると、そこにはたしかに妖精が写っていた。この五枚の妖精写真がはたして「本物か、偽物か」、長きにわたって学者や研究者の間で論争されたのが、いわゆる「コティングリー妖精事件」である。

火付け役となったのは「シャーロック・ホームズ」シリーズでお馴染みの作家、アーサー・コナン・ドイルであった。一九二〇年のクリスマスに発行された雑誌『ストランド』誌上に、二人の少女が撮った「妖精写真」は本物であるとする、ドイルの小論が掲載されたのである。多くの

★アーサー・コナン・ドイル『妖精の到来——コティングリー村の事件』より

人たちが、あれは明らかに厚紙を切り抜いてつくった偽物の妖精だと一笑に付したが、ドイルはさらに詳細な論証を加え、エドワード・ガードナーと共に写真入りで『妖精の到来――コティングリー村の事件』（原本一九二二年、井村君江訳一九九八／二〇二一年）という本を著し、「妖精の存在」を弁護した。

ドイル一家の妖精志向

ところで、ドイルが『妖精の到来』のようなジャンルの本を書いたのは、これが初めてではない。ほとんど、いやまったくといっていいほど知られていないが、アーサー・コナン・ドイルは探偵小説のほかに心霊研究に関する著作も一〇冊ほど残しているのである。しかしこの方面の著書はさしたる評判は残していない。

ドイルは一八五九年エディンバラに一〇人兄弟の二番目の息子として生まれる。父ジョンはアイルランドのダブリン出身（さらに祖先は十四世紀にフランスから移住した）のスポーツ絵画、とくに馬を描いた画家として知られる。その息子たちつまりドイルの父や伯父たちも、四人のうち三人は画家を出発点とし、名を成していた。ジェームスは画家で学者、ヘンリーは国立美術館の館長をつとめている。また、すでに紹介したようにディッキー・ドイルの愛称で知られるリチャードは『パンチ』誌の表紙イラストや風刺漫画家として活躍し、魅力的な挿絵を多く残しているし、父チャールズも豊かな画才を受け継いでいる（幻想性の強い画風が時代に合わなかったのか、生きている間に絵で身を立てることはできず、スコットランド土木庁の測量技師補として働いていた）。いずれにしてもこの家系には、父親がアイルランドの直系なので、妖精の影響が色濃く流れていたようだ。

ドイルは医師として働くかたわらホームズの探偵シリーズを生み出し、作家活動をスタートさせる。積極的に講演をこなし、スポーツマンとしても活動したり、軍人として戦場に赴いたりもする彼の姿は、まさにヴィクトリアニズムの象徴そのものであった。それゆえか、ワイルドやビアズリーのような耽美的作家や芸術家とは対照的に、ドイルは保守的な愛国主義者とみられていたようである。しかし一方でドイルが愛したものは、心霊術や神智学、妖精信仰など、いかにも不可思議な幻想の世界であった。

時代に漂う神秘主義

ドイルの神秘主義的傾向は、生まれ育った環境のみならず、その時代背景に負うところも大きいように思う。彼が多感な年を過ごした時代は、ちょうど十九世紀の終わり。いわゆる「世紀末思想」とくくられる、科学が未発達で神秘的でどこかしら妖しい思想に多くの人々が惹きつけられていた時代であった。本書にしばしば登場するイエイツも、「薔薇十字（ローゼン・クロイツ）」のイギリス版「黄金の曙（ゴールデンドーン）」の会員であったし、また神智学にも興味を向け、降霊会に参加したりしている（晩年には妻の自動書記による『ヴィジョン』という本も残している）。

中でもドイルは、霊媒で神秘主義者かつ神智学協会の創始者であるマダム・ブラヴァツキーに強く傾倒していたようである。一八九三年には心霊学協会にも入会している。

コティングリー妖精事件にかかわることになった直接のきっかけも、神智学協会のエドワード・ガードナーによって二枚の妖精写真を送られたことによるし、息子を戦争であの世に送ってしまったこともあるだろう。心霊術や超自然現象の研究に終始する心霊学協会の考え方では、この写真の妖精も死者の魂になってしまう。それゆえ、妖精を身近に感じ育ってきたドイルにしてみれば、地・水・火・風の四大精霊の存在を肯定する神智学のほうに、より親しみを感じたのかもしれない。実際『妖精の到来』は、ホームズとワトソンさながらに、エドワード・ガードナーとの二人の協力によって書き上げられている。

よみがえった妖精論争

世間を騒がせたこの騒動も、時とともに忘れ去られたかにみえた。しかし一九六五年、ある新聞記者がエルシーの住所を発見し、二人の少女が今も生きていることを確認すると、これを機に「妖精論争」が復活するのである。

当初、エルシーは「公になったこのままの形」にしておいてほしい、と答えをはぐらかした。が、ヨークシャー出身の社会心理学者で、心霊学研究家でもあるジョー・クーパーがこれを知り、二人に強く答えを求めることになる。ジョー・クーパーの企画したテレビ番組でも、二人の老婦人はやはり「真相」に触れようとはしなかった。しかし、一九八二年に行われたインタビューで、ついにエルシーが、妖精写真は妖精の形にカードを切り抜いて作り、それをピンでキノコにさしたものであることを告白するのである。再三にわたる写真検証にもかかわらず真偽が解けなかった妖精事件は、こうしてあっけなく幕を閉じたのである。そしてギネス・ブックには「最も長く続いた実際のジョーク」という記録を残している。コナン・ドイルに写真を送ったエドワード・ガードナーの鞄を現在（二〇二〇年）井村が持っており、これに心霊写真が入っていて、世界的に問題になっている。

クーパーはこの経緯を、二人の同意のもとに、『コティングリー妖精事件』（井村君江訳、一九九九年）という本にまとめている。これによるとフランシスは、亡くなるその日まで、最後の一枚だけは本物だと言い張っていたという（「妖精たちの日光浴の繭」として知られる一枚）。妖精を信じ強く感じられる二人の感受性を十分に理解していたクーパーの目的は、決して妖精を糾弾することではなかった。多くの人々が「妖精」を信じそうになったということは、裏を返せば信じたかった、そうであってほしかったということの表れでもあるからだ。なお、『コティングリー妖精事件〜イギリス妖精写真の新事実』が、十三名の学者たちにより二〇二一年に出版されている。

★アーサー・コナン・ドイル『妖精の到来――コティングリー村の事件』より「妖精たちの日光浴の繭」

見えない存在を求めて

一九一〇—二〇年代は戦争の時代でもあった。クーパーは、こうした社会状況におかれた人々の精神状態をふまえ、当時の神秘主義やオカルト・ブーム、さらには「コティングリー妖精事件」につながる時代背景を読み解いている。この時代の気分はまた、先述のガードナーが『妖精の到来』に寄せた「妖精という小さな生きものが、二〇世紀の現代にベールを脱いで、暗い影の彼方から歩み出す望みがある」という言葉にも表れている。

一九九八年二月、ジョー・クーパーの『コティングリー妖精事件』を下敷にした映画がイギリスで公開された。メル・ギブソン制作による原題『フェアリー・テール』である。主人公のドイルにはピーター・オトゥールが扮している。この映画は「ピーター・パン」などの妖精文学の世界、ガードナーの神智学協会やジェフリー・ホドソンの心霊学会の世界、水中脱出の有名なジェイムズ・ランディや希代の手品師ハリー・フーディーニなどの世界、ライトとクローニーの写真の世界などを、コティングリーの二少女と妖精の世界に絡ませ、物語を再構築している。現実と超自然の狭間、虚・実の間に揺れる当時の人々の心理状態もまた、ここからよく伝わっている。ちなみに監督のチャールズ・スタレッジがこの映画を撮ることを決めたきっかけのひとつは、実際に聞いてみたが、娘が妖精を見た経験があるからだといった。一方、みずから出演もしているメル・ギブソンは、これより前に監督もつとめた『ブレイブ・ハート』で、主人公であるケルトの英雄ウィリアム・ウォレスを演じている。目に見えない存在を信じる人々が、この映画を作り上げた――不思議な符合めいたものを感じる。

現在、私たちが生きている二〇世紀から二十一世紀の狭間は、まさに「世紀末」の時代である。実際、心理学や精神世界の研究が再び隆盛を誇り、多くの若者たちがオカルトやニューエイジ運動に引きつけられている。アロマテラピーやハーブ療法、ホメオパシーもイギリスのみならず日本でも流行している。こうした背景を考えると、今また「コティングリー妖精事件」が注目を集めているのも不思議なことではないのかもしれない。

確かに「目に見えない存在」は、時として、得体の知れない不気味なものになる。しかし、私たちの「生」に豊かなイマジネーションと活力を与えてくれるのも「目に見えない存在」なのではないだろうか。その素直な気持ちを、ドイルは『妖精の到来』の中で次のように表している。

「たとえ目にはみえなくても、そういう存在があると考えるだけで、小川や谷は何か新しい魅力を増し、田園の散歩はもっとロマンティックな好奇心をそそるものになるであろう。妖精の存在を認めるということは、泥の轍(わだち)に深くはまりこんだ二〇世紀の精神にとって、大変な衝撃になると思う。同時にそれはまた、この世には魅力的で神秘的な生命があることを、認めることにもなろう」

この言葉はファンタジーに惹かれるということの本質を突いているのではないだろうか。妖精にかかわり続けた自分自身のこれまでを振り返ってみても、そう思わずにはいられないのである。

◉参考文献

井村君江『ケルトの神話』（筑摩書房　一八八三）『妖精の国』（新書館　一九八七）
井村君江『妖精の系譜』（新書館　一九八八）『妖精幻視』（新書館　一九八九）
井村君江『アーサー王ロマンス』（ちくま文庫　一九九二）
井村君江『ピーター・パンと妖精の国』（九龍堂　一九九四）
井村君江『ケルト妖精学』（講談社学術文庫　一九九六）
井村君江『コンウォール、妖精とアーサー王伝説の国』（東京書籍　一九九七）
井村君江『妖精学大全』（東京書籍　二〇〇八）
A・コナン・ドイル著／井村君江訳・解説『妖精の到来――コティングリー村の事件』（アトリエサード　二〇二一）
F・ドラットル著／井村君江訳『フェアリーたちはいかに生まれ愛されたか～イギリス妖精信仰――その誕生から「夏の夜の夢」へ』（アトリエサード　二〇二一）
J・クーパー著／井村君江訳『コティングリー妖精事件』（朝日新聞出版局　一九九九）
K・M・ブリッグズ著／井村君江訳『妖精の国の住民』（研究社　一九八一）
K・M・ブリッグズ著／井村君江訳『妖精 Who's Who』（筑摩書房　一九九〇）
K・M・ブリッグズ著／平野敬一、吉田新一、三宅忠明、井村君江共訳『妖精事典』（冨山房　一九九二）
W・B・イエイツ編／井村君江編訳『ケルト妖精物語』（ちくま文庫　一九八六）
W・B・イエイツ編／井村君江編訳『ケルト幻想物語』（ちくま文庫　一九八七）
W・B・イエイツ著／井村君江訳『神秘の暫穂』（国書刊行会　一九八〇）
W・B・イエイツ著／井村君江訳『ケルトの薄明』（ちくま文庫　一九九三）

※本書のⅠ章からⅢ章は、井村君江『妖精学入門』（講談社、一九九八年）を全面改稿したものである。改稿にあたっては、井村君江『妖精についてのおはなし～新・妖精学入門』（Oisein press、二〇二〇年）を参考にした。
　また、本書の「はじめに」は、『下野教育』No.756（栃木県連合教育会、二〇一七年）に掲載され、『妖精についてのおはなし～新・妖精学入門』に収録したものを改稿のうえ収録した。

井村君江（いむら きみえ）
英文学者・比較文学者。東京大学大学院比較文学博士課程出身。明星大学名誉教授。うつのみや妖精ミュージアム名誉館長。金山町妖精美術館館長。著書に『Fairy handbook～妖精ヴィジュアル小辞典』（アトリエサード）、『妖精学大全』（東京書籍）、『ケルト妖精学』（筑摩書房）、『帰朝者の日本』（東京創元社、近刊予定）、訳書にフロリス・ドラットル『フェアリーたちはいかに生まれ愛されたか～イギリス妖精信仰――その誕生から「夏の夜の夢」へ』、アーサー・コナン・ドイル『妖精の到来～コティングリー村の事件』、ウォルター・デ・ラ・メア『ダン・アダン・デリー～妖精たちの輪舞曲』（以上、アトリエサード）、W・B・イエイツ『ケルト妖精物語』（筑摩書房）、ウィリアム・シェイクスピア『新訳 テンペスト』（レベル）、オスカー・ワイルド『幸福の王子』（偕成社）、編著に『コティングリー妖精事件 イギリス妖精写真の新事実』（青弓社）ほか多数。

TH SERIES ADVANCED

妖精世界へのとびら
新版・妖精学入門

著　者　井村君江
発行日　2023年12月8日

発行人　鈴木孝
発　行　有限会社アトリエサード
東京都豊島区南大塚1-33-1 〒170-0005
TEL.03-6304-1638 FAX.03-3946-3778
http://www.a-third.com/
th@a-third.com
振替口座／00160-8-728019
発　売　株式会社書苑新社
印　刷　モリモト印刷株式会社
定　価　本体2000円＋税
ISBN978-4-88375-511-0 C0039 ¥2000E

Printed in JAPAN

妖精関連書

井村君江

「Fairy handbook
～妖精ヴィジュアル小辞典」

A5判・並製・112頁・税別1800円

約100の妖精たちの特徴や成り立ちが分かる!
エアリエル、ゴブリン、ドワーフ、ニンフ、ノームらを紐解き、
アーサー・ラッカムなど多くの画家の図版を添えた
フルカラーのヴィジュアルハンドブック!

フロリス・ドラットル　井村君江 訳

「フェアリーたちはいかに生まれ愛されたか
イギリス妖精信仰――その誕生から「夏の夜の夢」へ」

四六判・カヴァー装・320頁・税別2500円

妖精を無視して、シェイクスピアが正しく理解できるだろうか――
フェアリー、エルフなどが、どう形成され、愛されてきたか。
イギリスが育んできた、妖精信仰と文学的空想を解き明かす。
妖精文化を深く知るための基本書!

アーサー・コナン・ドイル
井村君江 訳

「妖精の到来～コティングリー村の事件」

四六判・カヴァー装・192頁・税別2000円

〈シャーロック・ホームズ〉のドイルが、妖精の実在を世に問う!
20世紀初頭、2人の少女が写し世界中を騒がせた〝妖精写真〟の
発端から証拠、反響などをまとめた時代の証言!

妖精学の第一人者・井村君江による解説も収録。

「妖精が現れる!
～コティングリー事件から現代の妖精物語へ」

ナイトランド・クォータリー増刊　A5判・並製・200頁・税別1800円

コティングリー妖精事件の新旧の研究史を出発点としながら、
多様な論点で幻想文学の立場から向き合う――

井村君江らの紀行文、エドワード・L・ガードナーの文書など
コティングリー関連の記事や、妖精に関する評論・エッセイをはじめ、
タニス・リー、マキリップなど妖精テーマの小説も数多く収録!

詳細・通販は、アトリエサード http://www.a-third.com/